국경 없는 마을

국경 없는 마을

초판 1쇄 발행 2004년 11월 20일
개정판 1쇄 발행 2010년 4월 1일
개정판 15쇄 발행 2024년 4월 20일

지은이　　박채란
그린이　　한성원
펴낸이　　이영선

편집　　이일규 김선정 김문정 김종훈 이민재 이현정
디자인　　김회량 위수연
독자본부　　김일신 손미경 정혜영 김연수 김민수 박정래 김인환

펴낸곳 서해문집 | 출판등록 1989년 3월 16일(제406-2005-000047호)
주소 경기도 파주시 광인사길 217(파주출판도시)
전화 (031)955-7470 | 팩스 (031)955-7469
홈페이지 www.booksea.co.kr | 이메일 shmj21@hanmail.net

ⓒ 박채란, 2004
ISBN 978-89-7483-231-5　03810

이 도서의 국립중앙도서관 출판예정도서목록(CIP)은 서지정보유통지원시스템
홈페이지(http://seoji.nl.go.kr)와 국가자료공동목록시스템(http://www.nl.go.kr/
kolisnet)에서 이용하실 수 있습니다.(CIP제어번호: CIP2005000401)

외국인 노동자, 코시안, 원곡동 사람들이 만들어가는 '국경 없는' 이야기

국경 없는 마을

박채란 글·사진 | 한성원 그림

서해문집

· · · 일러두기 __

1. 본문 표기 중 '센타'는 모두 '안산외국인노동자센타'를 가리키며 '안산외국인노동자센타'는 고유명사임을 인정하여 '센타'를 '센터'라 표기하지 않았습니다.

2. 사진은 되도록 각 이야기의 주인공이 되는 사람들이 찍힌 것을 주로 실었습니다. 그러나 사진촬영을 거부하거나 게재를 허락치 않은 경우, 이 책의 이해에 더욱 도움이 되는 사진을 싣기도 했습니다.

"이 책은 인권에 관한 책이 아니다. 그저 오늘을 살아가는 우리들의 이야기일 뿐이다. 하지만 진정한 이야기책이라면 인권을 말하지 않을 수 없고, 정직하게 인권을 이야기하고자 한다면 이야기가 되지 않을 수 없다는 것이 나의 생각이다. 사실 내 관심사는 제도라기보다 '각각의 사정'이고 법이라기보다 '인간'이다. 그러다 보니 어떤 부분은 즐겁고, 어떤 부분은 슬프고, 또 어떤 부분은 패배적이거나 모순되어 보일 수도 있다. 그러나 바로 그 모든 것의 수용에서부터 변화는 시작되어야 한다고, 나는 믿는다."

··· 여는 글 _

세상을 향해 한 발짝 더 내딛게 해 준
모든 분들께 감사드립니다.

1년이 넘도록 안산을 오갈 때 그리고 한 달 넘게 안산에서 눌러 살았을 때, 거추장스러웠을 나를 늘 따뜻하게 식구처럼 대해 주신 〈안산외국인노동자센타〉 관계자 분들께 감사드린다. 내내 친 조카처럼 나를 보살펴 주신 재호 아저씨, 물심양면으로 작업에 협조해 주신 박천응 목사님과 김영임 사모님, 두 분 부목사님, 〈코시안의 집〉 두 분 선생님께도 감사의 마음을 전한다.

  그리고 2003년 11월 내내 단속을 피해 센터의 천막 안에

서 초조한 하루하루를 보내면서도, 내 질문에 늘 흔쾌히 답해 주던 외국인 노동자들에게 감사드린다.

선뜻 인터뷰에 응해 주었으나 편집 과정에서 실리지 못한 많은 외국인, 내국인 노동자 분들께 죄송함과 고마움을 전한다. 기나, 헤나, 기아뚱, 둥가, 후세인, 이스마엘, 라미얀티, 리상카, 차밀, 아노샤, 하니프, 용일 아저씨, 진선 언니. 그들이 내게 전해 준 생생한 이야기들이 모두 이 책을 만드는 싱싱한 자양분이 되었음은 말할 것도 없다.

그들도 나도, 이제 세계 어디에서 다시 만나더라도 서로를 한눈에 알아볼 수 있을 것이다.

글 쓰는 일이 뭐 그리 대수라고, 작업 내내 소홀했던 아빠, 엄마, 시아버님과 시어머님께 죄송한 마음 전한다. 나에게는 제2의 고향과 다름없는 독산동 새터교회 식구들에게도 감사의 마음 전한다. 늘 나를 믿고 지지해 준 그들이 없었다면 결코 이 일을 끝까지 해내지 못했을 것이다. 나는 그곳에서 인간에 대한 믿음을 새로이 배웠고, 그 믿음을 바탕으로 세상을 향해 나아갈 수 있었다. 언어의 틀에 꽉 사로잡혀 갈증하던 나에게 파인더를 통해 보는 새로운 세상을 열어 준 〈한겨레문화센터 기초사진반〉 류우종 선생님과, 함께 사진을 배운 여러 분들께도 감사드린다.

또한 나는 누구보다도 내 인생의 동반자인 이우일에게 감사의 마음을 전한다. 한 꼭지 한 꼭지가 끝날 때마다, 나와 그는 덜컹거리는 상에 원고를 놓고 마주앉아 문제점을 이야기했다. 그는 내 글의 장점과 단점을 솔직하게 이야기해 주었을 뿐 아니라 나를 전적으로 신뢰했다. 그의 정성과 믿음이 없었다면 이내 글쓰기를 포기해 버렸을지도 모르겠다.

끝으로 경험 없는 필자를 믿고 일을 맡겨 준 〈서해문집〉과 편집자라기보다 선배처럼 나를 다독거려 준 강진홍 씨, 김혜경 편집장님께도 감사의 말씀을 전한다. 멋진 그림을 그려 주신 한성원 씨께도 감사드린다.

　　　　　　난곡, 해가 들지 않는 작은 방에서__ 박채란.

··· 추천의 글 _

내 마음속 국경없는 마을

우선 잔잔한 감동을 안겨 주는 책 《국경없는 마을》의 출판을 진심으로 축하하며, 무엇보다 현장을 발로 뛰어다니며 웃음과 눈물의 이야기를 모아 맛있게 먹을 수 있는 밥상으로 차려 준 작가의 노고에 감사드린다.
　이 책에 등장하는 인물들은 모두 '국경없는 마을' 원곡동에 오면 만날 수 있는 얼굴들이다. 그리고 이들의 이야기는 그들 자신의 언어로, 때로는 제3자인 관찰자의 눈으로, 혹은 편지글의 형식으로 다채롭게 그려진다. 그 속에는 한국인과 외국인 이주 노동자 사이에 태어난 코시안 어린이, 자원봉사자, 산업재해를 입은 사람, 실직 한국인, 조선족, 외국인 청소년, 꿈이 있는 청년 등 다양한 사람들의 다양한 삶이 녹아 있다.

평이하면서도 따뜻한 언어로 씌어진 이 책을 나는 눈 한번 떼지 않고 단번에 읽어 내렸다. 특히 첫 번째 글인 '띠안' 이야기를 읽을 때는 흐르는 눈물을 주체할 수가 없었다. 녀석이 태어날 때부터 인도네시아로 갈 때까지 옆에서 줄곧 지켜보았던 터라, 지금도 사무실 문을 열고 들어오며 "목사님, 안녕하세요?" 하는 띠안의 목소리가 들려오는 듯하다.

이 책에 나오는 이야기들은 모두 단지 눈으로 읽는 것이 아니라 가슴으로 읽어야 비로소 그들의 삶을 조금이라도 더 가깝게 이해할 수 있을 것이다. 특히 우리 청소년들에게 외국인 노동자들의 애환과 인권 문제 및 그들 사회의 관습과 풍경 등을 간접 체험할 수 있는 책이 그리 많지 않다는 현실에 비추어 볼 때 《국경없는 마을》은 매우 소중한 결과물이 아닐 수 없다. 또한 책의 중간중간에 이주 노동자들의 상황을 자세히 알 수 있는 자료도 첨부해 주어서 정보 활용에도 큰 도움이 된다. 무엇보다도 이 책은 작가가 현장에서 직접 체험하며 가슴으로 써 내려간, 사람 냄새가 나는 글이라 더욱 추천하고 싶다.

외국인 노동자들이 1988년 처음 한국에 들어와 일하기 시작한 지 15년이 넘었다. 그들이 이 땅으로 이주해 온 것은 물론 단기간 취업을 통해 돈을 벌기 위한 것이 주된 이유다. 그리고 한국은 외국인 노동자를 받아들일 준비가 채 되지 않은 상황에서 단지 기업의 경쟁력 강화만을 위해 그들을 '값싼 노동력'으로 받아들였다. 그러나 이들은 값싼 노동력 이전에 우리와 함께 이 세계를 살아가는 한 사람으로서 우리 곁에 찾아왔으며, 현재 일정 지역에 집단으로 거주하면서 공동체를 이루고 살아가고 있다. 그럼에도 그들은 국적·인종·종교·문화적 이방인으로 차별 대우를 받으며 살아가는 것이 오늘의 현실이다.

그 결과 오늘날 한국의 외국인 노동자 문제는 단순한 불법 체류의 문제를 넘어 이제 지역 공동체의 문제로 급속히 이전

되고 있으며, 이러한 문제는 한국 사회에 새로운 과제를 던져주고 있다.

국적이 다른 외국인 노동자들의 집단화 및 정주화는 한 지역사회에서 내국인과 '갈등'을 일으키기도 한다. 즉 문화적 차이와 편견, 차별 등의 이유로 기존의 지역주민과 외국인 노동자 간에 마찰이 생기는 것이다. 외국인 노동자의 범죄 증가, 떼거리로 몰려다니기, 쓰레기 문제, 고성방가 등으로 외국인 노동자 집단 거주 지역이 슬럼화되거나 성범죄 등으로 지역주민들과 갈등이 증폭될 수 있다. 그러나 한편에서는 다국적 문화행사를 통한 타문화 이해, 지역주민과의 체육 행사를 통한 화합의 마당, 공동 쓰레기 청소 등을 통해 지역사회 차원에서의 '협동'의 모습을 취하기도 한다. 따라서 외국인 노동자 집단 거주 지역은 지역사회 통합의 문제, 문화적 적응 및 갈등 문제, 주택·교육·의료 문제 등 앞으로도 꾸준히 풀어가야 할 과제를 안고 있다.

문화는 주어진 자연(自然)이 아니라 인간에 의하여 새롭게 만들어지는 것이다. 외국인 노동자에 대한 차별 문화 또한 처음부터 주어진 것이 아니었다. 우리가 만들어 낸 잘못된 문화일 뿐이다. 문화는 창조되고 변화되는 것이기에, 모든 사람이 차별 없이 더불어 살아가는 문화 창조는 얼마든지 가능하다. 그러므로 이제 우리는 외국인 노동자를 한국 시장경제의 참여자로서, 또 차별의 대상이 아닌 우리의 이웃으로 받아들여야 한다. 우리 이웃인 그들의 자유·평등·참여로 요약되는 인권과 재산 및 생명의 권리 등을 보장해 주어야 한다.

그런 의미에서 국경없는 마을은 '생존과 경쟁의 문화'를 넘어 '이웃과 더불어 살아가는 대안문화'를 창조하는 문화적 사고 과정의 한가운데에 있다고 할 수 있겠다. 《국경없는 마을》을 읽는 분들 역시 이 책을 통하여 다문화 공동체 사회를 형성해 나가는 일에 함께 연대하며 실천하는 '아름다운 사람들'이 되기를 희망한다.

박천응 목사(안산외국인노동자센타 소장)

차 례

여는 글 __

추천의 글 __

··· 여섯 살 꼬마 띠안과 아빠 __
우리, 내일 인도네시아 가요
_18

··· 〈코시안의 집〉 김주연 선생님 __
그래도 너희들이 희망이야!
_46

··· 우즈베키스탄 노동자 누리끼 __
내 친구 초리 이야기
_74

··· 〈안산외국인노동자센타〉 7년 쉼터지기 재호 아저씨 __
사람 사는 데가 다 똑같지, 뭐!
_96

••• 늦깎이 고등학생 따와 __
사랑하는 엄마께 _122

••• 조선족 김복자 아주머니 __
비나 오지 말았으면 _144

••• 미래의 영화감독 재키 __
희망이 솟는 곳에서 _164

••• 에필로그 __
국경없는 마을, 그 입구에서 출구까지 _190

... 여섯 살 꼬마 띠안과 아빠 _

우리, 내일 인도네시아 가요

11월 12일, 나 내일모레 인도네시아에 가요. 한밤 자고 또 한 밤 자면 비행기를 탄다고, 아빠가 그랬어요. 비행기를 타고 다섯 시간이나 여섯 시간…… 그렇게 가야 한대요. 나는 인도네시아에 가 본 적이 한 번도 없어요. 하지만 아빠는 그곳이 우리나라래요. 인도네시아는 아주 좋대요. 여기보다 따뜻하대요.

나는 여섯 살이에요. 그리고 내 이름은 띠안이에요. 그런데 나는 아직 인도네시아에 가 본 적이 없어요.

오늘은 아빠랑 삼촌들이랑 밥을 먹었어요. 참, 삼촌들은 늘 우리랑 한집에서 살아요. 얼른 밥을 먹고, 나가 놀려고 하는데 아빠가 갑자기 돈을 많이 주었어요. 천 원짜리를 두 장이나 주었어요.

"먹고 싶은 거 다 사 먹어."

나는 정말 신이 났지요. 그런데 아빠가 좀 슬퍼 보였어요. 내가 아빠 눈을 올려다보며 왜 그러냐고 물어봤어요. 아빠는 아무 일도 아니라면서 나를 꼭 끌어안았어요. 나는 잠깐 숨이

탁 하고 막혔어요. 하지만 아빠를 밀쳐 내진 않았어요. 왠지 그래야 할 것 같았거든요. 아빠는 다른 때와 마찬가지로, 내 머리를 쓰다듬고 손바닥으로 내 엉덩이를 툭툭 쳤어요.

"재미있게 놀다 오려무나."

나는 기분이 너무너무 좋았어요. 계단을 한 번에 두 층씩 껑충껑충 뛰어 올라갔어요. 밖은 햇빛이 환했어요.

슈퍼에서 망고 사탕이랑 '맛동산'을 샀어요. 맛동산은 내가 제일 좋아하는 과자예요. 인도네시아에도 맛동산이 있을까요? 나는 맛동산이 참 좋아요. 망고 사탕도 맛있어요. 나는 과자랑 사탕을 사 가지고 〈코시안의 집〉(외국인 노동자 가정과 그들의 자녀 양육 및 교육을 돕는 곳)에 갔어요. 거기 가면 동생들도 있고, 누나랑 형들도 있어요.

한창 형아들이랑 미끄럼틀을 타면서 놀고 있는데 〈코시안의 집〉 선생님이 오셨어요.

"띠안, 내일모레면 가는구나. 선생님, 띠안 보고 싶어서 어쩌지?"

요즘 들어 사람들이 나를 보면 "이제 띠안 보고 싶어서 어쩌지?"라는 말을 많이 해요.
띠안은 여기 있는데, 띠안 보면서 왜 그런 말을 하는지 모르겠어요.
……보고 싶으면 보면 되잖아요, 그렇죠? 어른들은 참 바보 같아요.

그러더니 선생님은 내 볼을 꼬집고 또 당기고 했어요. 요즘 들어 사람들이 나를 보면 "이제 띠안 보고 싶어서 어쩌지?"라는 말을 많이 해요. 띠안은 여기 있는데, 띠안 보면서 왜 그런 말을 하는지 모르겠어요. 그런데 사람들이 슬픈 표정으로 그런 말을 하니까 띠안도 그 말을 들으면 왠지 조금 슬퍼져요. 보고 싶으면 보면 되잖아요, 그렇죠? 어른들은 참 바보같아요.

형아랑 놀고 있는데 아빠가 왔어요. 아빠는 대사관에 가야 한다고 했어요. 나는 아빠 손을 꼭 잡고, 버스 타고 또 전철 타고 그렇게 대사관에 갔어요.

아빠랑 내가 간 곳은 인도네시아 대사관이었어요. 거기가 뭐하는 곳인지는 잘 모르겠지만 아빠랑 같이 갈 수 있어서 참 좋았어요. 아빠가 거기서 이 방 저 방 왔다갔다 하는 동안 띠안은 얌전하게 의자에 앉아 있었어요. 히히, 얌전히 있으면 아빠가 띠안한테 장난감 사 준다고 했거든요.

대사관을 나와서 나는 폴짝폴짝 뛰었어요. 아빠 손을 잡고

폴짝폴짝 뛰었어요. 아빠랑 나는 커다란 슈퍼에 갔어요. '이마트' 말이에요. 우리는 에스컬레이터를 타고 장난감이 있는 데로 갔어요. 정말, 정말 장난감이 많았어요. 자동차, 로봇, 인형…….

"자, 맘껏 갖고 싶은 대로 골라 봐."

나는 아빠가 거짓말을 하는 줄 알았어요. 평소 때의 아빠 같으면 비싸니까 하나만 고르라고 했을 텐데, 오늘은 참 이상하죠? 그래서 나는 아빠에게 다시 물어봤어요.

"정말?"

아빠는 고개를 크게 끄덕끄덕했어요.

"정말요? 와ㅡ"

나는 신이 나서 팔짝팔짝 뛰었어요. 나는 커다란 곰 인형이랑 자동차를 골랐어요. 그러자 옆에 가만히 서 계시던 아빠가 연필이랑 공책이랑 색연필 따위를 한 아름 안고 왔어요. "다 띠안 거야." 하면서. 바구니에 한 가득, 그게 다 띠안 거래요. 나는 오늘 기분이 최고로 좋아요.

집에 도착하니 삼촌들이 모두 있었어요. 그 사이 삼촌들은

맛있는 걸 사 왔어요. 나는 가슴이 두근두근했어요. 혹시 삼촌들이 술을 사 왔나 걱정이 되었거든요. 나는 아빠가 술 마시는 게 싫어요. 술을 마시면 아빠는 늘 슬픈 이야기만 하고, 그러면 나도 마음이 아파요. 다행히 오늘은 그냥 맛있는 것만 먹었어요. 아빠가 삼촌들과 이야기하는 내내 나는 자꾸 아빠에게 말을 시켰어요. 왜냐하면 아빠가 삼촌들이랑 인도네시아 말로 이야기를 했기 때문이에요. 띠안은 인도네시아 말을 하나도 알아들을 수가 없거든요.

"아빠, 왜 아빠랑 삼촌들은 한국말 안 하고 인도네시아 말을 해?"

"그건, 아빠랑 삼촌들이 인도네시아 사람이기 때문이야."

"그럼 나는 어느 나라 사람이야?"

"띠안도 당연히 인도네시아 사람이지."

"그런데 나는 왜 인도네시아 말을 못해?"

"그건 띠안이 지금 여기 살고 있어서 그래."

"아아, 그렇구나."

나는 조금 알 것 같기도 하고, 여전히 모르는 것 같기도 했

어요.

　띠안은 인도네시아 사람 맞아요. 아빠가 인도네시아 사람이고, 돼지고기도 안 먹어요. 그러니까 인도네시아 사람 맞아요. 그렇지만 인도네시아 말은 할 줄 몰라요. 한국말은 잘 해요. 이제 인도네시아에 가면 인도네시아 말을 해야 한대요.

　띠안, 그냥 한국말 쓰면 안 되나요?

11월 12일, 내일모레면 인도네시아에 간다. 9년 만에 가는 고향이다. 스물셋에 건너온 한국에서 20대를 다 보내고 서른한 살이 되어서, 그것도 아들까지 낳아서 집에 돌아가게 될 줄은 정말 몰랐다. 인생이란 늘 그렇게 예측불허인 법, 후회는 없다. 지난날을 생각하면 슬프기도 하지만 지나간 일은 다 지나간 일 아닌가. 이제는 인도네시아에 가서 띠안을 잘 키우는 일만 남았다.

놀러 온 친구들이 다 집으로 돌아간 뒤, 나는 잠든 띠안의 얼굴을 한참 동안 들여다보았다. 아이의 잠든 모습이 천사 같았다. 예쁘게 잠든 그 모습이 지금 여기까지 날 지탱해 왔다고 해도 과언이 아니다. 하지만 띠안의 천사 같은 얼굴을 보며 떠나간 띠안 엄마를 떠올리지 않을 수 없다. 띠안은 인물 좋은 제 엄마를 정말 쏙 빼 닮았기 때문이다. 잠든 아들의 얼굴을 보고 있자니 지난 9년간의 한국 생활이 흑백 필름처럼 돌아간다.

1994년 한국에 첫발을 내딛자마자, 한 달에 기본급 28만 원을 받으며 의정부에서 일을 시작했다. 그렇게 1년이 지난 어느 날 그녀를 만났다. 인도네시아에서 온 다른 친구들과 함께 이태원에 갔다가 우연히 알게 된 띠안 엄마는 갓 고등학교를 졸업한 한국 여자였다. 우리는 서로를 사랑했고, 그래서 살림을 합치고 아이도 낳았다. 그런데 띠안이 돌을 막 지났을 무렵 띠안 엄마는 사라졌다. 띠안 엄마가 갑자기 사라졌을 때의 그 당황스러움을 나는 지금도 잊을 수가 없다. 일을 갔다 돌아왔는데 집에 아무도 없었다. 그저 아이와 잠시 어딘가 나갔겠거니 했는데, 조금 있으니 동네 아주머니가 띠안을 안고 오셨다. 띠안 엄마가 맡겨 놨다는 것이었다. 그때까지도 나는 여전히 그저 조금 멀리 갔나 보다 하는 생각으로, 보채는 애를 달래며 띠안 엄마를 기다렸다. 하지만 하룻밤이 지나고, 이틀 밤이 지나도 띠안 엄마는 오지 않았다. 그렇게 꼬박 한 달이 지나고 나서야 그녀는 집으로 돌아왔다.

가끔씩 집을 비우던 띠안 엄마를, 나는 심하게 나무라지는 않았다. 열아홉의 엄마라면 누구라도 가끔은 그렇게 도망치

고 싶었을 것이다. 나도 가끔은 그렇게 도망치고 싶었으니까. 그땐 나도 띠안 엄마도 어렸다. 시간이 지나면 자연히 띠안 엄마가 엄마로서, 또 나의 아내로서 제자리를 찾을 거라고 생각했다. 하지만 시간이 흐를수록 띠안 엄마가 집을 비우는 횟수는 늘어 갔고 급기야 완전히 집을 떠나 버렸다. 띠안은 서너 살이 되어 말을 배우기 시작했을 무렵부터 엄마를 거의 보지 못했다. 처음에는 칭얼대며 엄마를 찾던 띠안도 엄마를 보는 일이 없으니 자연스럽게 찾는 일이 줄어들었다. 나는 그게 오히려 더 마음 아팠다. 때때로 띠안이 엄마를 찾을 때면 나는 한결같이 "엄마는 멀리 서울로 일하러 갔어." 하고 이야기해 주었다. 띠안은 아무렇지 않게 고개를 끄덕이고 넘어갔지만, 나는 가슴이 철렁 내려앉곤 했다.

울컥 눈물이 솟았다. 이렇게 한국을 떠나는 것이 믿어지지 않는다. 애써 담담한 척해 보지만, 가슴 깊은 곳으로부터 한 줄기 슬픔이 밀려왔다. 내 볼을 타고 흐르던 눈물이 똑 하고 띠안의 볼에 떨어졌다. 띠안이 살짝 몸을 뒤척였다.

11월 13일, 내일 인도네시아 가요. 한 밤만 자면 간대요. 한 밤 자고 내일 아침 일찍, 아주 일찍 나가야 한대요. 비행기를 타고 가요. 비행기는 한 번도 타 본 적이 없어서 조금 무섭기도 해요. 그런데 아빠가 비행기 타는 거 하나도 안 무섭대요. 흠, 갑자기 얼른 비행기를 타고 싶기도 해요.

인도네시아는 섬이 아주 많대요. 그 중에서도 우리가 내일 가는 곳은 '롬복'이라는 섬이래요. 아빠가 지도를 펴고 짚어 주었어요.

"이곳이 아빠가 태어난 곳이야."

롬복은 아주 작은 섬이에요. 그런데 거기 가면 할머니도 있고 할아버지도 있고 이모랑 삼촌도 있대요. 엄마도 거기 있을까요? 궁금하지만 아빠한테 물어보지는 않을 거예요. 엄마 이야기를 하면 아빠는 슬퍼져요. 나는 알아요. 엄마는 서울로 일하러 갔어요. 돈 많이 버느라 아주 많이 바쁘댔어요. 아빠가 말해 주지 않았지만, 그리고 띠안도 아빠에게 물어보지 않았지만 인도네시아에 엄마는 없을 것 같아요. 엄마가 조금, 아주 조금 보고 싶을지도 모르겠지만 괜찮아요. 아빠만 있으면 나

는 괜찮아요. 아빠는 나를 정말 사랑해요. 나도 아빠가 세상에서 제일 좋아요.

오늘 아침에는 아빠가 내 머리를 오래오래 빗겨 주었어요. 옷도 한참을 골라서 멋지게 입혀 주었고요.

"내일 띠안은 인도네시아에 가지, 그렇지? 인도네시아는 아주 멀어. 그래서 다시 이곳에 오기가 힘들어. 그러니까 오늘은 이곳 사람들이랑 같이 밥도 먹고, 사진도 찍고, 인사도 하고 그럴 거야."

열두 시가 조금 넘어서 아빠와 나는 〈코시안의 집〉으로 갔어요. 〈코시안의 집〉에 가니 사람들이 많이 있었어요. 거실에는 커다란 상이 있고 그 위에 맛있는 음식이 아주 많이 있었어요. 선생님이 한복을 가져오더니 갈아입혀 주었어요. 옷을 갈아입었더니 사람들이 다 띠안보고 멋지대요. 다들 "와, 띠안 예쁘다." 하고 말했어요. 나는 기분이 우쭐해졌어요.

"사모님, 사모님 나 어때요?"

"와, 우리 띠안 정말 멋지구나. 정말 잘 어울린다."

나는 형들이랑 더 신나게 놀았어요. 조금 놀고 있는데 사모님이 이제 밥을 먹자고 했어요. 참, 사모님이 누구냐고요? 〈코시안의 집〉 원장 선생님이에요. 모두들 '사모님'이라고 부르니까 나도 그렇게 불러요. 모두들 거실에 있는 큰 상 앞에 둘러앉았어요. 사진기를 든 〈코시안의 집〉 선생님이 자꾸 나를 찍었어요. 히히, 내가 정말 멋진가 봐요. 그때 사모님이 큰 목소리로 말했어요.

"띠안, 오늘이 무슨 날인지 아니?"

사모님이 뭘 물어보는지 나는 잘 모르겠더라고요. 오늘이 수요일인가, 목요일인가? 오늘이 며칠이지? 오늘까지 해야 할 숙제가 있었나? 사람들이 다 날 쳐다봤어요.

"띠안, 오늘 무슨 날인지 몰라?"

사모님이 얼굴에 웃음을 가득 띠고 다시 물어봤어요. 나는 생각이 잘 안 나서 머리를 긁적긁적했어요. 사모님이 웃으면서 내 머리를 쓰다듬었어요.

"날은 무슨 날, 아무 날도 아니야. 오늘은 띠안이 신나게 노는 날이야."

그러자 사람들이 다 날 보고 웃었어요. 나도 웃었어요. 사모님이 다시 말씀을 하셨는데 이야기하는 동안 계속 내 머리를 쓰다듬었어요.

"제가 띠안을 처음 만난 게, 띠안이 두 살 때니까 벌써 4년이 되었네요. 처음 만났을 때는 애기였는데 벌써 이만큼이나 컸네요. 그렇게 정이 들었는데, 띠안이 내일 인도네시아에 가요. 한국에 있는 동안 띠안도 그렇고 띠안 아빠 대니 씨도 그렇고 어려운 일이 참 많았죠. 그래도 띠안이 이렇게 건강하게 자란 걸 보면 참 대견해요. 가서도 지금처럼 건강하고 씩씩하게 자라라고 여기 계시는 분들이 띠안에게 한마디씩 해 주세요."

사모님의 이야기가 끝나자 앉아 있던 사람들이 돌아가면서 띠안한테 이야기했어요.

"띠안, 가서 아빠 말씀 잘 듣고 건강해라."

"띠안, 여기 있는 사람들 잊어버리지 말고 나중에 커서 또 만나자."

"띠안, 한국말 잊어버리지 말고, 가서도 공부 열심히 해."

사람들이 이야기를 하는 동안 나는 눈을 크게 뜨고 그 얼

〈코시안의 집〉에 가니 사람들이 많이 있었어요.
거실에는 커다란 상이 있고 그 위에 맛있는 음식이 아주 많이 있었어요.
선생님이 한복을 가져오더니 옷을 갈아입혀 주었어요. 옷을 갈아입었더니 사람들이 다 쳐다보고 멋지대요.

굴 하나하나를 쳐다보았어요. 왠지 모두들 제게 중요한 이야기를 해 주는 것 같았거든요. 그때 선생님 한 분이 울고 계시는 걸 보았어요. 선생님 볼 위로 눈물이 또르르 굴러 떨어졌어요. 띠안이 뭘 잘못했나 싶었는데, 그런 것 같지는 않았어요. 선생님은 조용히 눈물을 닦았어요. 왠지 나도 조금 눈물이 날 것 같았어요.

곧 모두들 이야기를 마치고 사모님이 기도를 시작했어요. 사모님이 기도를 하는 동안 나는 실눈을 떴어요. 상 위에 떡이 보였어요. 띠안은 떡을 좋아해요. 빨리 떡을 먹었으면 좋겠다고 생각했어요. 기도를 마치고 밥을 먹기 시작했어요. 띠안은 떡을 먹고 싶었지만 사모님이 떡은 밥을 먹고 난 다음에 먹는 거라고 했어요. 그래서 꾹 참았어요. 밥을 먹는데 미역국 속에 고기가 보였어요. 돼지고기일까 봐 미역국은 한 술도 뜨지 않았어요. 아빠가 인도네시아 사람은 절대, 절대 돼지고기를 먹으면 안 된다고 그랬거든요. 그러자 사모님이 "띠안 이거 돼지고기 아니야, 소고기야." 하고 말씀해 주었어요.

나는 그제야 마음 놓고 국을 먹었어요. 그런데 왜 돼지고

기는 먹으면 안 되는 걸까요? 다른 사람들은 잘도 먹는데.

밥을 먹은 뒤 방에서 동생들이랑 놀았어요. 놀고 있는데 선생님이 사진을 찍어 주었어요. 나는 형아들하고도 동생들하고도 사진을 찍었어요. 집에 가려고 하자 선생님이 동화책을 주었어요.

"인도네시아에 가걸랑 매일매일 이 동화책을 읽어. 한국말 잊어버리지 말고."

나는 한국말을 다 읽을 줄 알아요. 동화책도 다 읽을 줄 알아요. 어떻게 한국말을 잊어버리겠어요, 매일 하는 말인데. 선생님은 바보 같아요. 히히, 그래도 동화책이 다섯 권이나 생겼어요. 조금 무거웠지만 다 띠안 거니까 꼭 안고 집으로 갔어요.

그런데 집 앞에서 꽈당 넘어졌어요. 아파서 으앙 하고 울려는데 아빠 목소리가 났어요. 아빠 목소리를 들으니까 아픈 게 싹 없어졌어요. 나는 아빠에게 달려가 오늘 받은 선물을 자랑했어요. 내가 기분이 좋으니까 아빠도 기분이 좋은 거 같았어요.

나, 내일 인도네시아 가요. 하룻밤만 자면 가는 거예요. 그런데 벌써 깜깜해졌으니까, 이제 코하고 눈뜨면 비행기 타러 가는 거예요. 아빠가 내일 아침 여섯 시에 나가야 한다며 일찍 자라고 했어요. 나, 내일 비행기 타고 인도네시아 가요. 거기가 어딘지 잘 모르겠지만 아빠랑 같이 가니까 무섭지는 않아요. 인도네시아 갔다가 〈코시안의 집〉에 가서 형아들이랑 놀 거예요. 〈코시안의 집〉에 있는 커다란 곰 인형 가지고 놀 거예요. 센터('안산외국인노동자센타')에 가서 게임도 할 거예요. 내일 인도네시아 가야 하니까 오늘은 일찍 '코~' 해요.

11월 13일, 내일 새벽이면 인도네시아로 돌아간다. 나의 고향, 바다와 숲이 있는 아름다운 곳……. 내일 오전 열한 시 비행기이다. 요즈음 고국으로 돌아가는 외국인 노동자들이 많아서 일찍 나서지 않으면 비행기를 못 탈 수도 있다고 한다. 늦지 않게 가려면 적어도 다섯 시 반에는 일어나야 할 것 같다. 띠안을 일찍 재우고 나도 자리에 누웠다. 조금이라도 눈을 붙여야 할 테니 말이다. 하지만 통 잠이 오지 않는다. 그래도 어떻게든 잠을 청해 볼 요량으로 눈을 감아 보았다.

눈을 감고 한참을 가만히 있었지만 역시 잠이 오지 않았다. 감은 눈 뒤로 띠안 엄마 얼굴이 설핏 스쳐 지나갔다. 나는 고개를 흔들어 그녀의 영상을 지우려고 했지만 그럴수록 그녀의 얼굴은 내 머릿속에서 사라지지 않았다.

띠안 엄마가 마지막으로 우리 부자를 찾은 것은 올 8월이었다. 그때 나는 띠안 엄마를 거의 포기하고 있었다. 어떻게 알았는지 내 휴대전화로 연락을 해 온 띠안 엄마는 이틀 후에 집으로 돌아가고 싶은데 가도 되겠냐고 물었다. 나는 어떻게

해야 할지 몰라 고민을 많이 했다. 다시 띠안 엄마를 받아들여도 되는 것인지, 과연 그게 옳은 결정인지 고민이 이만저만이 아니었다. 나는 가까운 사람들에게 조언을 구했다. 어떻게 해야 하는지 말이다. 여러 사람들의 의견을 구한 끝에 나는 마지막으로 띠안 엄마를 받아들이기로 했다. 정말 마지막이기를 바랐다. 버릇이라는 것이 쉽게 고쳐지지 않는다는 것을 나도 잘 알기 때문에, 어쩌면 또 떠날지 모른다는 생각이 들기도 했지만 정말 이번이 마지막일 거라고 믿고 싶었다.

띠안 엄마가 돌아왔을 때 나는 인도네시아로 돌아가고자 하는 내 계획을 말했다. 그리고 함께 가면 좋겠다고 이야기했다. 그녀로부터 받은 상처가 컸지만 어쨌든 띠안의 엄마가 아닌가. 아이가 제 엄마 손에서 클 수만 있다면, 내가 받은 상처 쯤이야 잊을 수 있을 거라고 생각했다. 내 제안을 띠안 엄마도 순순히 받아들였다. 나는 띠안 엄마의 여권을 만드는 등 함께 떠날 준비를 했다. 그러는 동안 아름다운 내 고향 바다가 보이는 섬에서 '띠안'과 '띠안 엄마'와 '내'가 함께 사는 꿈도 꾸었다. 가끔은 미래의 띠안 동생도 꿈에 보였다. 정말 행복했

다. 하지만 꿈은 역시 꿈일 뿐, 한 달 만에 띠안 엄마는 또 사라졌다. 이제 다 지난 일이다. 이제는 떠올리지 않을 것이다. 믿지도 않을 것이다.

띠안 엄마가 떠난 뒤, 나는 또다시 혼자 여섯 살 사내아이를 키우는 아빠의 일상으로 돌아와 있었다. 아침이면 일어나 아이를 씻기고, 밥을 해 먹이고, 유치원에 데려다 주고, 하루 종일 일하고, 퇴근길에 유치원에 들러 아이를 데리고 와서 저녁을 해 먹이고, 유치원 숙제를 도와주고, 빨래를 하고, 아이를 씻기고, 잠자리에 드는. 그리고 다음 날이면 또 같은 일상이 반복되는 아빠. 아이를 키우면서 힘들었던 일들을 말로 다 해서 무엇하겠는가. 하지만 "아빠 사랑해." 하며 품에 안기는 띠안을 보고 있노라면 시름이 절로 날아가 버렸다. 그래, 그러고 보면 내가 띠안을 키운 것이 아니라, 띠안이 나를 살렸는지도 모르겠다. 외로운 타국 생활, 사랑했던 사람조차 떠나 버렸지만 그래도 나의 아이는 내 곁에 있다. 쌔근거리는 아이의 숨소리를 듣는다. 길고 긴, 때로는 슬프고 억울하기도 했던 9년

이었다. 하지만 세월은 여섯 살 띠안을 내게 보내 주었다. 그것만으로도 충분하다.

그렇게 뒤척이는 사이 밤이 다 가고 푸르스름하게 사위가 밝아 왔다. 벌써 새벽이 된 것이다. 9년 만의 귀국이고 귀향인데, 마지막 밤에 잠을 청하는 것이 무리였는지도 모르겠다. 나는 다시 한 번 콜콜 자고 있는 띠안을 바라보았다. 띠안을 잘 키울 거다. 인도네시아에서 공부도 많이 시키고, 대학도 보내고, 다시 당당하게 엄마의 나라 한국에 오게 할 거다. 나는 나도 모르게 주먹을 불끈 쥐었다.

이제 몇 시간 후면 인도네시아로 간다. 9년이나 떨어져 있었던 부모와 형제가 있는 나의 고향 그곳으로 나는 사랑하는 아들과 함께 간다. 그러나 잊지는 않을 것이다. 한국, 내 젊음과 사랑을 온통 바쳤던 곳, 슬픔과 기쁨이 함께 있던 곳…….

자리에서 일어나 앉아 창문 밖으로 동이 터 오는 안산의 새벽하늘을 바라보았다.

≫ 한국 사람과 결혼한 외국인은 한국 국적을 취득하나요?

　외국인 노동자들이 우리나라에 일하러 오기 시작한 지 20년이 다 되어 간다. 그러므로 20대에 우리나라를 찾은 외국인(이하 '외국인'이란 말은 일본인과 중국인을 제외한 아시아인, 특히 동남아시아 사람을 통칭하는 의미로 쓰인다.)이 10년 넘게 우리나라에 머물렀다면 30대를 훌쩍 넘겼을 것이다. 이처럼 오랫동안 한국에서 살다 보면 한국인 친구도 많이 사귀게 되고, 그중에는 좀 더 진지한 관계로 발전해서 한국 사람과 결혼을 하는 경우도 있다. 물론 그간 두 사람이 살아온 문화와 국적이 달라 힘든 점도 많겠지만 서로 진심으로 사랑하기에 함께 어려움을 극복하며 살아가는 것이다.

　그러나 당사자들은 서로 사랑하여 단란한 가정을 꾸리고자 해도 두 사람 중 한 사람이 외국인인 경우 법적으로 많은 어려움이 있어 행복한 생활을 하는 데 걸림돌이 되고 있다. 특히 경제적인 이유로 충분한 교제 없이 국제결혼을 선택한 외국인 여성의 경우 한국인 남성과 그 가족들로부터 폭력에 시달리거나 낙태를 강요당하는 등 반인권적인 사례가 많이 보고되고 있다.
　결혼 후 혼인신고를 하고 외국인 배우자를 초청하면 외국인 배우자는 F-2비자를 받게 된다. F-2비자는 체류기간이 90일인데, 이 체류기간이 만료되기 전에 체류연장 허가를 받아야 한다. 그리고 체류연장 신청은 정상적인 혼인생활을 지속한다는 것을 전제로 하며, 신청할 때는 반드시 배우자와 동행해야만 한다.(혼인생활 중 태어난 자녀가 있을 경우에는 배우자가 동행하지 않아도 된다.) 이렇게 한국인 배우자와 혼인한 상태로 2년 이상 한국에 거주하면 영주비자(F-5) 신청을 하거나, 한국 국적 신청을 할 수 있다. 영주비자를 신청하는 경우에는 본국의 국적을 포기하지 않아도 되지만, 내국인과 동일한 시민권과 사회권을 보장 받지 못한다. 한편, 한국 국적을 취득하기 위해서는 반드시 본국 국적을 포기해야만 한다.

외국인 배우자들은 영주비자를 받거나 국적을 취득해서 안정적으로 국내에서 체류하기를 원하지만, 심사절차가 까다롭고 한국 국적을 취득하면 자신을 떠날 것이라고 생각하는 한국인 배우자의 비협조 때문에 어려움을 겪고 있는 결혼 이민자가 많다.

오늘날 국제결혼 가정은 점차 늘어나고 있는 추세다. 통계청에 따르면 2006년도 한 해 동안 국제결혼 건수가 3만 9천 건이 넘는다. 2000년에 전체 결혼 건수의 3.7%에 불과하던 국제결혼이 2006년에는 11.9%에 이르게 된 것이다. 이처럼 국제결혼 가정이 늘어나면서 그 가정에서 태어나는 이른바 코시안(한국인과 동남아시아인 부부 사이에서 태어난 2세)의 수가 증가하는 것 또한 당연한 일이 되고 있다.

코시안이 증가한 시기가 1990년대이기 때문에 대부분의 코시안 아이들은 이제 중, 고등학교에 들어갈 나이가 되었다. 하지만 사회적으로는 아직 그들을 받아들일 준비가 충분하지 않아서 많은 아이들이 취학 거부, 따돌림 등의 힘겨운 상황에 처해 있다.

국제결혼 가정이 늘어나고 그들이 국적을 취득할 수 있도록 한다는 것은 외국인 역시 우리 국민으로 받아들인다는 것을 뜻한다. 법 제도를 정비하여 단란한 가정을 이루고자 하는 이들을 지원해야 하는 것은 물론이거니와 이들을 우리 국민으로 받아들이려는 사회적인 노력 역시 함께 뒷받침되어야 할 것이다.

· · · 〈코시안의 집〉 김주연 선생님 ___

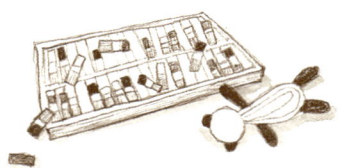

센터로 향하는 발걸음이 무겁다. 마음이 무거운 걸 발이 아는 걸까? 그렇게 생각하니 배 속 아이도 내 마음을 아는 것처럼 오늘따라 무척 무겁게 느껴진다. 센터에서 처음 아이들을 가르치기 시작한 것이 작년 9월이니 벌써 1년이 훌쩍 넘었다. 외국인 노동자들의 자녀에 대해서 관심을 갖게 된 것은 작년 7월인가 8월인가 텔레비전에서 본 한 아이 때문이었다. 어찌어찌 청강생 자격으로 학교에 다니고 있는, 방글라데시에서 온 그 아이는 일명

'왕따'였다. 피부색이 다르다고, 말을 잘 못한다고, 다른 아이들로부터 따돌림을 당하고 있었다. 사실 한국 애들도 유럽이나 미국에 가면 그와 같은 대접을 받곤 하지 않는가. 영어를 잘 못한다고, 피부색이 누렇다고 차별을 받지 않는가. 나는 우리가 또 다른 누군가를 차별하고 따돌린다는 사실에 어이가 없었다.

아이 하나하나를 놓고 보면 외국인 노동자의 아이들이 한국 아이들보다 못할 이유가 없다. 어떤 방글라데시 아이가 어

떤 한국 아이보다 훨씬 더 똑똑하고 착할 수도 있는 것이다. 하지만 편견 가득한 어른들은, 피부가 검은 아이들은 우리 아이들보다 못났다고 선을 그어놓고 있다. 그런 생각은 아이들에게도 옮아 간 듯했다. 그 방글라데시 아이가 한국말이라도 좀 하면, 학교 공부라도 좀 따라가면 덜 무시당하지 않았을까? 문득 가르치는 일을 업으로 삼고 있는 내가 그 아이를 도울 수 있으면 좋겠다는 생각이 들었다.

찾아보니 집에서 멀지 않은 안산 원곡동에 〈안산외국인노동자센타〉가 있었다. 나는 먼저 인터넷 홈페이지를 방문해 꼼꼼히 살펴보고 센터와 본격적으로 인연을 맺었다. 2002년 여름 처음으로 아이들을 찾았다. 센터에서 처음 아이들을 보았을 때, 그 애들의 거침없는 패션 감각에 적잖이 당황했던 일이 지금도 생생하다. 초등학생이 맞긴 한 걸까? 알록달록한 겉옷에 커다란 귀걸이, 무스를 잔뜩 발라 뒤로 넘긴 머리까지. 지금이라면 타지에 살면서 말이 잘 통하지 않는 아이들 나름의 자기 표현이라 생각하고 아무렇지 않을 수 있겠지만 그땐 정

말 충격이었다. 내가 그때까지 상상했던 센터의 아이들은 순수한 산골 아이 그 자체였던 것이다. 나의 무지와 편견이 만든 허상이었다.

어쨌든 나는 그 아이들보다는 조금 작은 아이들을 가르쳤다. 학교에 가지 못할 만큼 나이가 어려 집에서 갇혀 지내는 아이들, 학교에 다닌다 해도 수업을 잘 따라가지 못하는 그런 아이들을.

부지런히 원곡동 길을 지나 〈안산외국인노동자센타〉로 간다. 늘 지나는 길이지만 을씨년스러운 것이 예전 같지 않다. 단속이 시작된 지 벌써 일주일이 다 되어 간다. 단속 때면 으레 있는 일이지만 이번 단속은 마치 몇 년 만에 찾아온 태풍이 마을 전체를 쓸어버리듯 그렇게 원곡동을 얼어붙게 한 것만 같다. 나는 옷깃을 좀더 단단히 여미고 종종걸음으로 센터로 향한다.

골목 어귀에 들어서자, 센터 앞에 쳐 놓은 푸른색 천막이 눈에 들어온다. 불법 체류자 단속과 강제 출국이 시작되면서

센터에는 70여 명의 불법 체류자들이 단속을 피해 숨어 있다. 그런 그들의 얼굴을 겨우 가려 주는 천막이 바람에 펄럭인다.

원래 센터 앞마당은 내 수업을 듣는 아이들이 뛰어노는 곳이다. 딱히 놀 만한 친구가 없는 코시안 아이들과 외국인 아이들은 나와 함께 수학 공부를 하다가 쉬는 시간이면 좁은 마당을 신나게 뛰어다니곤 했다. 그렇게 아이들이 뛰노는 모습을 보는 게 참 좋았다. 하지만 이제 그 마당은 불안 속에 하루하루를 보내고 있는 어른들이 담배를 피워 물고 앉아 있는 곳이 되었다. 나는 천막을 젖히고 건물 안으로 들어갔다. 계단을 올라 사무실로 들어서는데 사모님이 내 어깨에 손을 얹었다.

"선생님, 지금은 여기에 사람이 많아서 당분간 수업하기 어렵겠어요. 애들이 얼마나 올 수 있을지도 모르겠고……. 당분간은 비자가 있는 집 애들만 올 테니까 〈코시안의 집〉에서 그 애들만 데리고 수업을 하세요."

"네, 그렇게 할게요."

애써 밝게 대답했지만 어깨가 조금 처지는 것 같다. 올 수 있는 아이들이 얼마나 되나 전화를 해 보니 역시 시화에 있는

연필에 땀이 묻어나도록 꼭 쥐고 한참을 앉아서 문제를 풀고 난 뒤,
나의 빨간색 동그라미를 기다리는 아이들의 눈은 한없이 맑다.

몽골 아이들은 어려울 것 같다. 단속이 시작되자마자 부모가 불법 체류자인 아이들은 밖으로 나오지 못하게 되었다. 단속반이 밖에서 노는 아이들을 미행해서 집에 숨어 있는 부모를 잡아갈지도 모르기 때문이다. 부모도 아이도 겁을 집어먹을 수밖에 없다. 화가 난다. 부모야 자신이 선택한 타지 생활이고, 불법 체류자라는 신분도 자신이 선택한 것 아닌가. 하지만 아이들은 뭔가. 부모를 따라나선 그 죄 하나로, 가장 아름다운 시절인 유년을 이런 불안과 감금 상태에 있어야 하다니.

가까스로 마음을 추스르며 〈코시안의 집〉으로 걸음을 옮긴다.

"어, 이거 틀렸네. 다시 풀어 보자."
항상 커다란 책상에서 열 명 남짓 되는 아이들과 수업했는데, 오늘은 달랑 두 아이만 데리고 수업을 한다. 이 아이들은 적어도 한쪽 부모가 한국인이기 때문에 단속에 그렇게 큰 영향을 받지 않는다. 하지만 이 아이들도 불안해하기는 마찬가지다. 나는 평소와 다름없이, 아무 일도 없다는 듯 아이들을

데리고 수업을 한다.

"애들아, 이거 다 풀고 간식 먹자."

"와아, 좋아요."

아이들이 웃는다. 나도 웃는다.

"선생님, 여기 다 했어요!"

한 아이가 두 자릿수 더하기 문제가 가득한 수학 책을 내민다. 연필에 땀이 묻어나도록 꼭 쥐고 한참을 앉아서 문제를 풀고 난 뒤, 나의 빨간색 동그라미를 기다리는 아이들의 눈은 한없이 맑다. 혹시 하나라도 틀릴까 봐 초조하게 연필을 만지작거리면서 동그라미가 하나씩 그려지는 수학 책을 숨을 죽이며 뚫어져라 들여다본다.

"아이고, 여기 하나 틀렸네. 다시 해 보자."

"틀렸어요?"

아이는 다시 수학 책을 제 앞으로 바짝 끌어당긴다. 그러고는 책에 머리를 묻고 문제 풀이에 여념이 없다. 뿌듯하다. 내 입가에 웃음이 번진다.

이곳에서 내게 배우는 아이들은 내가 학원에서 가르치는

딱히 놀 만한 친구가 없는 코시안 아이들과 외국인 아이들은 나와 함께 수학 공부를 하다가 쉬는 시간이면 좁은 마당을 신나게 뛰어다니곤 했다.

다른 어떤 아이들보다 열심이다. 수업을 하다가 어려운 문제를 만나면 가르치는 나도 배우는 아이들도 지치게 마련이다. 내가 가르쳐 본 많은 한국 아이들은 그럴 때면 어김없이 짜증을 내거나 힘들어했다. 하지만 여기 아이들은 단 한 번도 흐트러진 모습을 보인 적이 없다. 시간이 좀 늦어져도, 어려운 문제를 만나도 아이들은 시종일관 배우기를 갈망하는 학생의 자세를 잃지 않았다. 아이들은 은연중에 알고 있는 것이다. 여기가 아니면 자신들을 가르쳐 주는 곳이 없다는 것을. 그러므로 항상 열심히 해야 한다는 것을 아이들은 몸으로 알고 있는 것이다. 그런 아이들의 모습을 보면서 사랑스럽고 자랑스러웠지만 때로는 슬펐다.

"자, 이제 집에 가야지! 추우니까 목도리도 두르고, 점퍼 지퍼도 끝까지 올리고, 그렇지!"
"선생님, 안녕히 계세요!"
"그래, 너희들도 잘 가라!"
아이들이 합창하듯 인사를 하고 〈코시안의 집〉을 빠져나

간다. 나는 아이들의 뒷모습을 보면서 와락 겁이 난다. 저 아이들을 다음 시간에도 만날 수 있을까? 지난 시간에 함께했던 아이들을 오늘은 만나지 못했기 때문이다. 그렇게 한동안 나오지 않는 아이들은 다시 나오기 전까지 내 쪽에서는 먼저 소식을 알 길이 없다. 한참이 지나도 수업에 나오지 않으면 뒤늦게 강제 출국을 당했다거나 고국으로 돌아갔다는 소문이 날아들 뿐이다. 그러는 사이 나 역시 아이들과의 이별에 담담해지고 있다.

올봄, 아직 이런 식의 갑작스러운 이별에 적응하기도 전, 그렇게 갑자기 가 버린 아이가 있었다. 5월의 어느 날, 그 아이로부터 한 통의 전화가 왔다.
"선생님, 저 오늘 몽골에 가요. 그래서 오늘 공부하러 못 가요."
자기 생일이 5월 31일이라며 종달새처럼 떠들어 대더니만 생일 선물도 챙겨 받지 못한 채 간다는 말만 하고 있었다. 너무 어안이 벙벙하여 한참 동안 말을 잇지 못했다. 간다는 이야

기가 있긴 했지만, 정확한 날짜도 몰랐고 환송회라도 하고 갈 줄 알았기에 별다른 마음의 준비를 안 했던 탓이었다. 부모님은 강제 출국을 당해 이미 고국으로 돌아갔고, 아이는 삼촌과 함께 안산에 살고 있었다. 그런데 다시 이곳으로 돌아올 요량이었던 부모가 한국행에 실패하자 어쩔 수 없이 아이를 고국으로 불러들인 것이었다.

일자리를 찾아 타국을 돌아다니는 부모를 따라다니며 사느라 열세 살이 되도록 학교에 가지 못했던 그 아이에게, 나와 공부하는 시간은 다른 아이들보다 더 특별하고 소중했을 것이다. 그런 이유로 나에게도 그 아이는 각별했다.

"그럼, 잠깐 선생님 얼굴 보고 가라. 지금 가면 언제 볼지도 모르는데."

"저 지금 공항에 가야 하는데……."

나는 그 아이와 삼촌을 겨우 설득해, 공항 가는 길 중간에 만나 마지막으로 점심을 먹었다. 녀석은 울지 않았다. 하지만 웃지도 않았다. 그게 내가 본 녀석의 마지막 얼굴이었다.

그 뒤로 한참이 지나도 연락이 오지 않았던 녀석의 소식을

다른 사람들을 통해 들었다. 아이의 식구들이 함께 이번에는 러시아로 갔다는 소식을. 녀석은 이제 누구와 어떻게 수학 공부를 하고 있을까?

"야, 너 왜 때려?"
"때린 거 아니야. 그냥 친 거야."
"친 게 때린 거지, 뭐야!"
"그냥 살짝 친 건데……."
"너 죽을래! 왜 때려 놓고 거짓말 쳐! 너 죽을래!"
한 아이만 데리고 자주 틀리는 부분을 집중적으로 가르쳐 주고 있는데, 밖에서 쇳소리 같은 아이들의 목소리가 들려온다. 가르치던 아이를 남겨 두고 밖으로 나간다.

"너희들 왜 그러니?"
"얘가 자꾸 때리잖아요!"
"때린 게 아니라 지나가다 건드린 건데."
"너 죽을래! 일부러 때렸잖아!"
아이들은 내가 있든 말든 한참을 옥신각신한다. 늘 벌어지

"얘들아, 그래도 너희들이 희망이다!"

는 일이지만, 아이들이 싸우는 것을 지켜보는 일은 영 익숙해지지 않는다. 아이들은 싸우면서 큰다지만 이곳 아이들이 싸우는 모습은 조금 다르다. 자기 아닌 다른 대상을 향해 화를 낸다기보다 자기 안에 있는 분노를 주체하지 못해 터져 나오는 것처럼 보이기 때문이다. 평소엔 얌전하고 순종적이던 아이도, 갑자기 화가 나기 시작하면 정신을 차리지 못한다. 그렇게까지 화를 낼 만한 일이 아닌데도 무턱대고 시비를 걸고, 마구잡이로 소리를 지른다. 그럴 때엔 꼭 아이가 아니라 세파에 시달리고 힘들어하는 어른 같다. 정도의 차이는 있겠지만, 여기서 만난 아이들의 가슴속에는 그렇게 분노의 불씨가 자라고 있는 듯하다.

아이들의 분노가 어디서 온 것일까를 한참 고민하던 지난봄, 나는 생각지도 못한 곳에서 그 실마리를 찾게 되었다. 아이들과 함께 근처 공원에 놀러 나갔다 돌아오는 길이었다. 시끌시끌하고 복작복작한 남자 아이들 대여섯 명을 나 혼자 데리고 다니는 것이 쉬운 일은 아니었다. 하지만 간만에 바깥바

람을 쏘인 아이들의 얼굴은 한없이 맑았다. 그런 아이들의 얼굴을 보며 나 또한 기분이 좋았다.

저녁 어스름이 깔려 올 무렵 우리는 집으로 돌아가는 버스를 타기 위해 정류장으로 갔다. 몽골이 고향인 아이들은 모국어로 이런저런 이야기를 주고받았고, 또 다른 아이들은 번잡한 정류장에서 뭔가 놀잇거리를 찾아 눈을 반짝였다. 그러던 아이들이 일순 조용해지는 것 아닌가. 처음엔 아이들이 뭔가 재미있는 장난감이라도 찾았나 하고 대수롭지 않게 생각했다. 하지만 분위기가 심상치 않아 주위를 둘러보니 모두 매표소 뒤에 숨어 무언가 눈치를 보고 있었다. 정류장에 경찰관이 한 명 있었다. 그랬다. 아이들은 그 경찰이 무서웠던 것이다. 아이들 중에는 지난해 겨울, 엄마가 경찰에게 끌려가는 것을 눈앞에서 목격한 아이도 있었다. 그 일이 얼마나 상처가 되었을까 하면서도 어린아이니까 시간이 지나면 곧 잊겠거니 생각했다. 그리고 잊은 줄 알았다. 하지만 아이들은 경찰이 자신들에게 얼마나 위협적인 사람인지 잊지 않고 있었다. 아이들은 계속 말이 없었다.

공교롭게도 그 경찰은 우리와 같은 버스를 탔다. 십여 분 같은 버스를 타고 가던 그 경찰은 우리가 내리기 두어 정거장 전에 내려서 제 갈 길을 갔다. 하지만 아이들은 그 경찰이 내릴 때까지 한마디도 하지 않았다. 꼭 필요한 이야기를 해야 할 때는 의식적으로 한국말을 썼다. 아이들은 자신이 몽골 사람임을 들키지 않으려고 했다. 그 일이 있은 뒤에도 나는 아이들이 제복 입은 사람을 피해 다니는 것을 여러 번 목격했다. 경찰이든, 군인이든 심지어 똑같이 차려입은 은행원들만 보아도 아이들은 슬슬 꼬리를 감추기에 바빴다. 그제야 어렴풋이 알 수 있었다. 아이들의 분노가 바로 그러한 두려움과 공포에서 비롯되었다는 것을.

"너희들, 선생님이 싸우지 말라고 몇 번이나 말했어? 네가 형이니까 동생이 실수로 그런 걸 이해해야지. 동생한테 '죽을래'가 뭐야. 어서 방으로 들어와!"

싸움이 멎지 않는 통에 아이를 불러다 혼을 내고야 말았다. 자기 가슴 안에 그런 화가 있는지도 모르고 마구 소리를 질러

대는 아이들을 보고 있으면 '그래, 그렇게 다 풀고 잊어버려라.' 하는 마음이 들기도 했다. 그렇지만 한두 아이만 돌보는 어머니가 아닌, 여러 아이를 가르쳐야 하는 선생으로서 마냥 용인할 수도 없는 일이었다.

아이들의 인성 교육까지 신경 쓰기에 사실 외국인 노동자 부모들의 삶은 너무나 고단하다. 아이들을 집에 가두어 두지 않고 학교에 다니도록 하는 것만으로도 그들에게는 어마어마한 노력이 필요하다. 고국 친척의 손에 아이들을 맡기지 않고 이 먼 땅까지 데리고 온 것만 해도 그들에게는 많은 노력과 용기가 필요했을 것이다. 그걸 아는 내가 그 부모들에게 더한 것을 요구할 수도 없는 노릇이다. 그저 내가 바라는 것은 아이들 가슴속의 그 화가, 분노가 조금씩이라도 풀어지고 잠잠해지는 것이다.

언젠가 어른이 될 저 아이들의 가슴속에 한국은 어떻게 남아 있을까? 고국에서 말 외에는 별다른 장난감이 없었던 몽골 아이들은 한국의 컴퓨터와 게임기에 맛을 들여서 이제 몽골에 가면 심심해서 못 살 것 같다고들 한다. 그래서 한국이 너

무 좋단다. 하지만 그게 다일까? 경찰이 부모를 질질 끌어가고, 외국인이라는 이유로 학교에 다니지 못하고, 설사 간다 해도 다른 국적을 갖고 있다는 이유로 무시당하고, 한국말 못하고 공부 못한다는 이유로 주눅이 들어야 했던 그 모든 기억을 아이는 잊을 수 있을까? 스무 살이 되고 서른 살이 된 어느 날 그 서러운 기억들이, 잊은 줄 알았던 분노가 스멀스멀 올라올 즈음, 세계 어딘가에서 제 몫을 하고 있을 그 아이들은 한국에 대해 무어라고 할까? 그걸 생각하면 나는 벌써부터 두렵다.

방으로 불러다 앉혀 놓자마자 아이들은 뭐가 그렇게 서러운지 엉엉 울어 댄다. 반쯤 혼내고 반쯤 얼러 화해를 시킨다. 그러자 언제 그랬냐는 듯 저희들끼리 어울려서 교실 문을 나선다. 단속의 불안함 가운데 한 차례 아이들의 싸움까지 겪고 나니 작은 전쟁이라도 치른 듯 어깨가 뻐근하다. 아이들을 보내고 책상을 정리한다. 코트를 입고 책도 챙겨 일어선다. 그런데 책 사이에서 여러 번 접은 듯한 도톰한 종이 뭉치가 툭 하고 떨어진다. 뭘까 싶어 집어 들었다가 다시 자리에 주저앉

는다.

　그건 진수의 중간고사 시험지다. 전 과목이 다 있는 건 아니다. 국어, 사회 같은 한국어 능력이 많이 필요한 과목의 시험지는 빠져 있다. 제일 첫 장은 수학 시험지다.

　78점. 방과 후에도 여러 학원을 다니는 것이 일상인 한국 아이들에게 78점은 별로 자랑스럽지 않은 점수일지 모른다. 그렇지만 한국말도, 학교도 서툴렀던 진수에게 78점은 내게 자랑하기 충분한 점수이다. 진수는 같은 나이의 아이들이 학교에 다닐 때 혼자 집에서만 지내다가 올해 겨우 초등학교 3학년 학급에서 자기보다 어린 아이들과 함께 공부할 수 있게 되었다. 그런 진수가 들고 온 시험지는 나를 감동시키고도 남았다.

　진수를 처음 만났을 때 진수는 한국말이 서툴렀다. 한국에서 지낸 지 2년이 지났지만 진수는 내가 하는 말을 겨우 알아듣는 수준이었다. 내가 한국말로 수업을 하면 한국말에 익숙한 아이들이 한국말에 서툰 아이들에게 몽골 말로 통역을 해

주곤 했다. 아무리 수학이라지만 문제가 복잡하면 말을 이해하지 않고는 풀 수 없기 때문이다. 답답한 건 나도, 한국말이 서툰 아이들도 마찬가지였다.

    나와 수업을 하면서 진수가 가장 먼저 배운 말은 "선생님, 나!" 하는 말이었다. 영리해서 배우고는 싶은데 말이 안 따라 줘서 마음이 급했던 진수는 그렇게 다급하게 나를 부르곤 했다. 그러더니 학교에 들어간 뒤로 말이 부쩍 늘었다. 나랑은 일주일에 한두 번씩 수업을 했는데, 한국말 실력이 그야말로 일취월장했다. 2년 동안 혼자 지내면서 배운 것보다 서너 달 학교에 다닌 것이 훨씬 효과가 컸다.

    학교 중간고사를 마친 어느 날 진수가 쑥스러운 듯한 얼굴로 이 시험지 뭉치를 내밀었다. 가슴이 뭉클하지 않을 수 없었다. 시험지를 내미는 아이의 눈빛에 어렴풋하게 자신감이 어리어 있었다. 뿌듯했다. 그리고 미안했다. 조금 더 많은 아이들이 조금 더 먼저 말을 배울 수 있다면, 누군가 조금만 더 아이들의 공부를 봐줄 수만 있다면, 그러면 이곳에서도 꿈을 키울 수 있을 텐데 말이다.

부모가 불법 체류자인 진수는 오늘 수업에 오지 않았다. 학교도 가지 못했겠지? 학교가 이 아이들에게 얼마나 중요한지 다른 이들은 상상도 할 수 없을 것이다. 일에 지친 부모들이 집 안에 가두어 키우다시피 한 이 아이들이, 학교라는 울타리 안에서 그저 어린아이만큼의 자유를 누리도록 해 주는 것조차 우리나라는 인색하기 그지없다. 그래도 다행인 것은 의식이 깨어 있는 몇몇 선생님들 덕에, 이제 조금씩 아이들이 학교에 다닐 수 있다는 점이다. 게다가 따와를 시작으로 몇몇 아이들이 성실하게 학교에 다닌 덕에 취학 연령이 된 다른 외국인 아이들도 조금씩 교육의 기회를 얻고 있다. 한국에 살고 있는 동안만이라도 맘 편히 배울 수 있다면, 기본적인 한글 교육과 학교 입학만이라도 보장된다면, 아이들은 좀더 아이들답게 자랄 것이다. 그렇게 자란 아이들은 언젠가 '그래도 한국은 따뜻한 곳이었다.'고 기억할 것이다.

곧 단속이 끝나고 나면 몇몇 아이들은 또 학교로 돌아가 두 자릿수 덧셈을 푸느라 열심일 것이다. 세상이 어떻게 돌아

가도 아이들은 자라듯, 어른들이 아무리 세상을 망가뜨려도 아이들은 또 새로운 희망을 만들어 낼 것이다. 아이들은 서로를 편 가르지도, 서로를 차별하지도 않기 때문이다. 부모가 "쟤랑 놀지마."라고 말하지만 않는다면.

시간이 좀더 흐르면 이곳 아이들도 다른 아이들처럼 자유롭게 자랄 테고, 내년 중간고사 즈음에는 또 누군가 수줍게 시험지를 들이밀며 내 칭찬을 기대할지도 모른다. 그 즈음에는 지금은 배 속에 있는 나의 아이도 세상의 빛을 보게 되리라. 나의 아이와 그들의 아이가 함께 행복하기 위해서 나는 오늘도 아이들의 눈 속에서 찾은 남은 희망을 포기할 수가 없다.

"얘들아, 그래도 너희들이 희망이다!"

≫ 우리나라에는 얼마나 많은 외국인들이 일하고 있나요?

법무부에 따르면 2007년 한국에 체류하고 있는 외국인 수가 106만 명을 넘어섰다. 이는 한국 전체 인구 4845만 명의 2.19%에 해당하는 수치이다. 1994년 한국에 체류하는 외국인 수가 9만 5천 명이던 것을 생각해 보면 실로 급속한 변화이다. 장기거주 외국인의 비율이 전체 인구의 2%가 넘었다는 것은 한국 사회가 단일민족 국가에서 다출신국, 다인종 사회로 이행하고 있음을 보여준다.

등록 외국인을 유형별로 살펴보면, 이주 노동자가 40만여 명으로 전체의 56%를 차지하고 결혼 이민자가 14%, 유학생이 7%, 기타가 23%이다. 국적별로는 중국 44%, 미국 12%, 베트남 6%, 태국 4% 순이다. 이 가운데 대다수를 차지하고 있는 이주 노동자들은 수도권 제조업체를 중심으로 모여 사는 경우가 많다. 그러다 보니 경기 30%, 서울 28.5%, 인천 6% 등 수도권에 64.5%가 살고 있다.

이주 노동자 중에서도 소위 '불법 체류자'라고 불리는 미등록 외국인 노동자는 2008년 현재 22만 명에 이른다. 과거에 비해서는 그 비율이 많이 줄어든 것이지만, 싱가포르나 대만의 2~7%에 비하면 높은 수치이다. 2004년 고용허가제 실시 이후 임금 체불이나 비인간적인 근로 현장 등은 많이 개선되었지만, 이는 합법적인 이주 노동자만이 누릴 수 있다. 불법 체류자들은 여전히 인권의 사각지대에 놓여 있는 경우가 많다.

이처럼 거주 외국인의 비율이 늘어나고 있지만, 우리가 가진 단일민족적 사고는 아직 견고하다. 그러다 보니 2007년 유엔의 인종차별철폐위원회(CRED)에서는 "한국이 단일민족을 강조하는 것은 한국에 사는 다양한 인종 간의 이해와 관용, 우호 증진에 장애가 될 수 있으므로 한국 현대사회의 다인종적 성격을 인정하고 적절한 조치를 하라"는 권고를 하기도 했다.

1948년 제3회 유엔총회에서 채택한 세계인권선언은 모든 사람의 일반적 권리를 천명하고 있다. 이에 따르면 "모든 사람은 인종, 피부색, 성, 언어, 종교, 정치적 또는 그 밖의 견해, 민족적 또는 사회적 출신, 재산, 출생, 기타의 지위 등에 따른 어떠한 종류의 구별도 없이 이 선언에 제시된 모든 권리와 자유를 누릴 자격이 있다(2조1항)"고 하여 균등대우의 원칙을 밝히고 있다. 또한 "사람은 누구나 일할 권리와 직업 선택의 자유와 적정하고 유리한 근로 조건과 실직에 대하여 보호를 받을 권리를 가진다(23조1항)"고 밝히고 있으며 "사람은 누구를 막론하고 차별 없이 동등한 일에 대하여 동등한 보수를 받을 권리를 가진다(23조2항)", "사람은 누구를 막론하고 각자의 이익을 옹호하기 위하여 노동조합을 결성하고 가입할 권리를 가진다(23조4항)"고 밝히고 있다.

 이처럼 세계인권선언서는 지구 상의 모든 사람들이 가져야 할 동등한 권리를 천명하고 있지만 외국인 노동자들의 경우 그러한 권리를 다 누리지 못하는 경우가 많다. 특히 불법 체류라는 신분이 악용된다면 외국인 노동자들은 저임금 노동, 임금 체불, 장시간 노동, 산업재해, 폭행, 건강상의 문제 등 여러 가지 어려움에 노출되고 만다. 인권이란 모든 사람이 당연히 누려야 할 권리이다. 우리나라 사람들이 일을 하면서 겪는 어려움이 해결되어야 하는 것처럼 우리나라에서 일을 하는 외국인들의 권리도 동등하게 보장되어야 할 것이다.

··· 우즈베키스탄 노동자 누리끼 _

내 친구 초리 이야기

내 이름은 누리끼입니다. 한국에 온 지는 4년 남짓 되었고요. 고향은 우즈베키스탄입니다. 수만 년 전에 사람이 살았던 흔적이 아직도 남아 있어서 유네스코가 지정한 세계문화유산 중 하나가 바로 제가 살던 도시입니다.

나는 한국에서 목수 일, 그러니까 집 만드는 일을 합니다. 나는 집 만드는 일이 참 좋습니다. 우즈베키스탄에서도 집 만드는 일을 했어요. 뚝딱뚝딱 집을 만들고 도배도 하고 마감도 합니다. 그 집에 사람이 들어가 사는 모습을 생각하면 그렇게

뿌듯할 수가 없습니다. 기분이 너~무 좋아요. 정말 목수 일은 제 천직인 것 같습니다.

　오늘은 평택에서 오는 길인데요. 나는 전국 어디나 안 가는 곳이 없습니다. 어떻게 안 가는 곳 없이 다 가냐고요? 오토바이가 있거든요. 작년에 샀는데요. 내 덩치를 이겨 내기엔 좀 작아 보일지 몰라도 얼마나 잘 굴러가는지 모릅니다. 아직 사고 한 번 난 적이 없어요. 이 오토바이는 내게 있어 정말 둘도

없는 친구입니다. 참, 내게는 오토바이보다 백 배는 더 소중한 친구가 하나 있습니다. 안산에서 만난 고향 친구인데 이름은 '초리' 라고 해요.

초리를 처음 만난 건 2년 전 안산역에서였습니다. 초리는 지방 산업연수생으로 있었는데, 안산으로 옮겨 올까 한다면서 종종 안산에 다녀갔어요. 초리는 축구를 좋아해요. 안산에 가면 고향 사람들이 많이 있고 주말마다 함께 축구를 할 수 있다는 이야기를 들었대요. 그래서 안산으로 오려 한다고 했어요. 우리는 만나자마자 서로를 알아봤습니다. 여기 한국 사람들은 우리에게 러시아 사람이 아니냐고 물어보는 경우가 많아요. 동양 사람들이 보면 우즈베키스탄이나 카자흐스탄이나 러시아 사람이 다 비슷비슷하게 느껴지겠지만, 우리는 어느 나라 사람인지 한눈에 알아봅니다. 그 차이를 말로 설명하기는 어렵지만 뭐랄까, 뭔가 느낌이 달라요. 그건 마치 한국 사람이 일본인, 중국인, 한국인을 구별해 내는 것과 같지요.

초리는 연수생 시절에 공장에서 프레스를 다루는 기술자였습니다. 프레스 아시죠? 쇠나 그런 걸 찍거나 펴거나 하는 기계 말이에요. 초리는 2년 넘게 그런 기계를 다루어 왔기 때문에 안산에서도 그런 일을 할 거라고 했습니다. 우리는 서로

의 연락처를 주고받았어요. 안산에는 2천 명 정도의 우즈베키스탄 사람들이 있습니다. 뭐, 나도 우리나라 사람이라고 해서 다 좋은 사람이라고 하고 싶지는 않아요. 하지만 타국에 살면서 어려운 일이 생기면 고향 사람들끼리 서로 돕는 게 인지상정이죠. 곧 초리와도 그런 친구가 되었어요.

그런데 초리가 올라온 지 얼마 안 되서 갑자기 병원이라며 전화가 온 거예요. 이게 대체 무슨 일인가 싶어서 한달음에 병원으로 달려갔죠. 그런데 세상에, 초리의 오른손에 붕대가 칭칭 감겨 있는 것이 아니겠어요. 붕대에는 검붉은 핏물이 배어 있었어요. 나는 더럭 겁이 났습니다. 초리는 많이 울었는지 얼굴이 퉁퉁 부어 있었습니다.

"내 오른손이 프레스에 들어갔어."

안산으로 이사 와서 아르바이트를 하러 간 첫날 공장에서 일어난 일이었습니다. 프레스를 2년이나 다룬 초리인데 어떻게 그런 일이 생긴 건지 도무지 이해가 되지 않았어요.

"기계가 고장이 났대."

지금은 많이 나아졌지만 2년 전만 해도 한국 공장에 있는 프레스 기계는 센서가 거의 작동하지 않았습니다. 센서가 작동하면 기계에 손이 들어가도 자동으로 기계의 작동이 멈춥니다. 하지만 센서가 작동하지 않으면 손이 들어가도 기계는 작동하죠. 사실 그땐 센서가 있어도 센서를 작동시키지 않는 경우가 많았습니다. 센서를 켜 두면 위험한 순간마다 기계가 작동을 멈추고 그러다 보면 생산량이 떨어진다는 게 이유였죠. 그렇지만 센서가 작동하지 않는 프레스를 2년 넘게 다뤘던 초리가 아닌가요. 기계가 갑자기 고장만 나지 않았다면 결코 그런 일은 일어나지 않았을 텐데. 초리의 손을 보면서 저도 얼마나 마음이 아프던지. 초리 앞이라 차마 울지는 못하고 속으로 얼마나 울음을 삼켰는지 몰라요. 차라리 절단기였으면 잘린 손가락을 붙여 볼 수라도 있을 텐데. 기계에 손이 완전히 눌렸다는 말에 마치 제 손이 뭉개지는 것 같은 고통을 느꼈습니다.

"기계가 내 손을 눌렀어. 살이 찢기고 뼈 부스러지는 소리가 들리는 것 같았어. 이루 말할 수 없는 고통이 오른손 끝에

서 온몸으로 퍼져 나갔지. 머릿속이 깜깜해지고 당장이라도 딱 죽어서 그 고통을 끝내고 싶을 만큼 아팠어. 기절이라도 할 것 같았는데 웬일인지 내 정신은 말짱했어. 그 육중한 기계가 내 손을 누른 시간은 사실 그렇게 길지 않았지만 내게는 하루 해가 다 가는 것 같은 긴 시간이었어. 손을 눌렀던 기계가 서서히 위로 올라갔을 때 내 손이 보였어. 장갑과 살과 피와 뼈가 알아볼 수 없는 형체로 뭉개져서 뒤섞여 있었지. 이건 내 손이 아니야 하는 생각으로 눈을 감았어. 뭉개진 손의 고통보다 더 큰 괴로움으로 심장이 찢어질 것 같았거든. 눈을 감으니 고향에 있는 엄마의 얼굴이 떠오르더군. 나는 정말 목 놓아 울고 싶었어. 곧이어 멀리서 사람들이 웅성대는 소리, 고함치는 소리가 들렸던 것 같아. 앰뷸런스 소리도 났던 것 같고. 병원에 와서는 한참 동안 잠을 잔 거 같아. 그래, 꿈이었으면 좋겠다고 생각했는데 깨어 보니 꿈은 아니더군. 손은 여전히 아픈데……. 그것보다 더 황당한 건 손가락이 있어야 할 자리에 아무것도 없었다는 거야. 네 개의 손가락이 있던 자리가 텅 비어 있어. 이제 이 손을 가지고 뭘 해야 할지 모르겠어."

초리의 말이 지금도 귀에 생생합니다. 그때 저는 하루가 멀다 하고 초리의 병실에 찾아갔습니다. 저도 얼마나 걱정이 되었는지 몰라요. 초리가 그 손을 가지고 뭘 할 수 있을지 말이죠. 멀쩡한 사람도 일하기 힘든 세상인데, 더욱이 남의 땅에서 한쪽 손이 뭉툭한 초리가 무얼 할 수 있을까. 여섯 달을 병원에 있으면서 초리는 네 번의 수술을 받았고 2,700만 원의 보상금을 받았어요. 2,700만 원과 네 개의 손가락. 그게 상응하는 가치인지 어떤지는 알 수 없지만 이 세상에 내 몸의 건강보다 중요한 게 또 있을까요.

초리가 손을 다친 것을 초리의 아버님은 알고 계십니다. 초리가 전화를 했다고 했습니다. 하지만 다친 지 2년이 다 되어 가도록 아직 초리의 어머님은 초리가 다친 것을 모르십니다.

"어머니한테는 말을 못하겠어. 늘 내 걱정으로 애타 하시는데, 만약에 내가 다쳤다는 얘길 들으면 어머니는 정말 쓰러지실지도 몰라. 그래서 아버지께도 말하지 말아 달라고 했어."

앞에서도 이야기했지만 나는 목수입니다. 오토바이를 타

안산으로 옮겨 올까 한다면서 종종 안산에 다녀갔어요. 초리는 축구를 좋아해요. 안산에 가면 고향 사람들이 많이 있고 주말마다 함께 축구를 할 수 있다는 이야기를 들었대요.

고 다니는 목수요. 나는 결혼을 했고요, 우즈베키스탄에 사랑스런 아내와 귀여운 두 딸이 있습니다. 올해로 작은 아이는 여섯 살이고 큰 아이는 열 살이죠. 이곳에 온 지 4년이 넘어가는데 아직 한 번도 못 봐서 너무너무 보고 싶습니다. 아이들이 한창 클 때 가까이서 돌봐 주지 못한 것이 미안하지만, 대신 여기서 열심히 일해서 꼬박꼬박 우즈베키스탄으로 송금한 돈이 5천만 원입니다. 우즈베키스탄에서는 정말 큰 돈이죠. 나는 좀더 돈을 번 뒤에 우즈베키스탄으로 돌아가 건축회사를 차릴 생각이에요. 아버지랑 같이요. 나는 이번 겨울에 고향으로 돌아갈 겁니다. 가족들 얼굴을 볼 생각만 하면 배시시 웃음이 흘러나오고 콩닥콩닥 가슴이 뛰어요.

그렇지만 초리 앞에서는 그런 내색을 하지 않습니다. 손을 다치지만 않았더라면 아마 초리도 지금쯤 저처럼 돈을 모아 고향으로 돌아갈 꿈에 부풀어 있었을 거예요. 사실 초리의 출국 예정일은 지난 2003년 2월이었습니다. 그때가 바로 비자가 만료되는 때였고, 평소 초리는 모은 돈을 가지고 고향으로 돌아가 자그마하게 자기 사업을 해 보고 싶다고 했어요.

하지만 비자 만료 전에 초리는 다쳤고 꼬박 6개월을 병원에 누워 있었습니다. 퇴원을 하고 나니 경기도 안 좋은 데다가 한쪽 손을 거의 못 쓰는 상황이니 새 일자리를 구하는 일은 쉽지 않은 일이었죠. 이제 초리가 한국에 온 지도 3년 10개월이 넘어갑니다. 새로 만들어지는 고용허가제에 따르면 초리는 우즈베키스탄에 갔다가 다시 입국을 해야 합니다. 하지만 초리는 가고 싶지 않다고, 가도 한국으로 돌아오지 못할 거라고 말합니다.

"한국에서 일하다가 손을 다쳐서 일을 못하게 되었잖아. 나는 지금 몸도 마음도 가족을 만날 준비가 안 되었어. 돈 때문만이 아니더라도 나는 지금 우즈베키스탄으로 돌아갈 수 없어. 지금 가서 어머니를 만나고 어머니가 내 손을 보고 슬퍼하는 걸 감당할 준비가 안 돼 있어. 그리고 우즈베키스탄에 돌아가면 손이 이 모양이라 다시 한국으로의 입국이 불가능할 거야. 나는 한국에서 일하다가 한국에서 손을 다쳤어. 물론 보상금을 받았다고는 하지만 내 인생이 가질 수 있는 많은 기회를 빼앗긴 것에 비하면 비교도 할 수 없는 액수라고 생각해.

나는 거저 돈을 달라는 것도 내 인생을 보상해 달라는 것도 아니야. 다만 준비할 시간이 필요해. 마음의 준비를 하고 그간 벌지 못한 돈을 더 벌 시간 말이야. 나도 우리나라로 돌아가고는 싶어. 하지만 지금은 갈 수 없어."

    초리도 돌아가고 싶을 거예요. 결혼을 한 건 아니지만 초리도 고향에 사랑하는 여자가 있습니다. 서로 결혼을 약속했고 정말 사랑한다고 했습니다. 그런데 초리는 여자에게 전화를 건 지 1년이 넘었다고 했어요.
    "전화를 하면 빨리 오라고 하면서 계속 울어. 한 번 전화를 하고 나면 너무 가슴이 아프고 슬퍼. 그래서 도저히 전화를 못 하겠더라고. 그렇게 벌써 1년이 지났어. 실은 3개월 전에 편지를 보냈지. 아마 받았을 거야."
    초리랑 그 여자는 정말 서로를 많이많이 사랑하는 거 같았어요. 하지만 남녀 간의 일이란 모르는 거잖아요. 그래서 내가 초리에게 물었어요. 우즈베키스탄에 돌아갈 때까지 기다린다는 여자의 말을 어떻게 믿느냐고요.

물론 힘이 들죠. 외롭기도 하고요.
 하지만 고향에 남아 있는 가족과 행복한 앞날을 생각하면서 견딥니다.

사실 초리가 한국으로 오기 전 두 집안에서 결혼을 하고 가라고 했대요. 하지만 초리는 한국에서 돌아온 후에 결혼을 하겠다고 했대요. 결혼이 아니더라도 여자가 초리를 기다릴 거라고 믿었던 거죠. 어쩌면 얼마나 오래 걸릴지도 모르는 먼 이국땅에 가면서 여자를 구속하고 싶지 않았던 것일지도 모르겠습니다. 한국행 비행기를 타기 한 달 전, 초리는 여자를 만나 말했답니다. 기다릴 수 있으면 기다리고 아니면 다른 사람과 결혼하라고. 여자는 말없이 울기만 했대요. 하지만 아직까지 여자는 초리를 기다리고 있답니다. 초리는 또 여자에게 말했대요. 3년이 지나도 오지 않으면 한국으로 오라고요. 어쩌면 내년쯤엔 정말 여자가 한국으로 올지도 모릅니다. 그러면 여자는 초리의 다친 손을 보게 되겠지요.

모두들 돈을 모아 고향으로 돌아갈 생각으로 한국에 옵니다. 특별한 사고가 생기지 않는다면 그리고 술이나 노름 따위에 빠지지 않는다면, 최소한의 생활을 하며 몇 년 고생하면 어느 정도의 돈을 마련할 수 있습니다. 물론 힘이 들죠. 외롭기

도 하고요. 하지만 고향에 남아 있는 가족과 행복한 앞날을 생각하면서 견딥니다. 그런데 초리처럼 다치고 나면 모든 것이 엉망진창이 되어 버립니다. 다쳐서 일을 하지 못하는 동안 그간 모았던 돈은 조금씩 새어 나가고 아무리 굳은 마음을 먹었었더라도 자꾸만 절망하게 됩니다. 그러다 보면 일을 하지 않는 날이 많아져 더 힘들어지고, 어쩌면 고향에 가는 것도 포기하게 될지 모릅니다. 그건 우리가 외국인이라서가 아니라 그러한 종류의 불의의 사고라는 것이 한 인간의 삶을 송두리째 흔들어 놓을 만큼 끔찍한 일이기 때문입니다. 하지만 초리는 다시 일을 시작했습니다. 나는 초리가 정말 자랑스럽습니다.

초리는 지금 컨테이너 회사에서 일을 합니다. 초리가 하는 일은 의류 원단을 컨테이너로 나르는 일입니다. 초리는 그 무거운 원단을 왼손으로 잡고 오른손으로 지탱해 가면서 컨테이너로 나릅니다. 초리의 출근 시간은 오전 여덟 시이지만 퇴근 시간은 일정치 않습니다. 원래 퇴근 시간은 일곱 시라지만 일이 끝나야 초리도 퇴근을 합니다. 물량이 많을 때는 새벽 한

시, 두 시가 넘도록 일하기도 합니다. 통근버스도 막차도 놓친 어느 새벽에 초리는 한 시간이 넘는 거리를 걸어서 집까지 왔다고 했습니다. 열세 시간, 열네 시간도 일하는 초리는 오른손이 뭉툭하다고 해서 게으름을 피우거나 하지 않습니다. 처음에는 미심쩍어하면서 초리를 채용한 회사에서도 이제는 믿고 일을 맡깁니다. 하지만 그들도 알까요? 함께 일하는 사람들이 혹 자신 때문에 작업량이 떨어진다고 할까 봐 두 배, 세 배 열심히 일한다는 것을요. 외국인이라서 제대로 못한다는 소리를 들을까 봐 남들보다 더 귀를 쫑긋 세워 가며 작업 지시를 듣는다는 것을요.

천성이 밝은 초리는 거의 힘든 내색을 하지 않습니다. 하지만 모두 알고 있어요. 이 먼 곳까지 일하러 온 사람들 중에 어느 하나 힘들지 않은 사람이 없다는 것을요. 그저 우리가 할 수 있는 일은 짬이 날 때마다 서로에게 전화를 걸어 모국어로 외로움을 달래는 것뿐이죠. 저와 초리는 하루에도 몇 번씩 전화 통화를 해요. 일이 끝나면 제가 오토바이를 몰고 초리가 있

는 곳으로 가기도 합니다. 그리 긴 시간은 아니지만 그래도 그 시간이 서로에게 얼마나 위로가 되는지 모릅니다.

초리의 고향과 제 고향은 우즈베키스탄의 끝과 끝입니다. 초리의 고향은 아프가니스탄 국경 근처이고, 거기서 제 고향으로 오려면 카자흐스탄을 지나야 합니다. 아마 고국에 살았더라면 평생 가야 옷깃 한 번 스치지 않고 살았을 사이일지도 모르죠. 그런데 우리는 이곳에서 가장 친한 친구가 되었습니다. 참 신기한 일입니다.

이번 겨울에 제가 이 땅을 떠나고 나면 초리 혼자 어떻게 지낼까 싶어 걱정입니다. 비자 문제는 잘 해결될지, 손은 더이상 아프지 않을지, 조금 덜 힘든 곳에서 일할 수 있을지 걱정이 됩니다. 그러나 나는 해 줄 수 있는 것이 아무것도 없습니다. 그저 고국 우즈베키스탄에 먼저 돌아가 그를 위한 기도를 올릴 수 있겠죠. 언젠가 고국에서 우리가 다시 만나게 되면 안산에서 처음 만났을 때처럼 서로를 알아보며 이렇게 인사를 하겠죠.

앗살라이 알라이꿈!

》 외국인 노동자가 아플 때 도움을 받을 수 있는 곳이 있나요?

외국인 노동자들이 아프거나 다치는 것은 가장 안타까운 일이다. 안전에 유의하여 되도록 그런 일이 일어나지 않도록 해야겠지만 불의의 사고를 당했을 때는 합당한 보상을 받아야 할 것이다.

외국인 노동자들은 특히 영세한 업종에서 일하고 있기 때문에 한국인 노동자에 비해 재해를 당할 위험이 큰 편이다. 대한산업의학회지의 2006년 통계에 따르면 이주 노동자 산업재해 발생률은 1.06%인 반면 한국 노동자는 0.77%이다.

외국인 노동자들을 고용한 회사에서도 안전장치 설치 등의 노력을 하고 있지만 아직 많이 부족한 편이다. 특히 취업한 지 한 달 이내에 안전사고가 많이 일어나는 것을 보면 외국인 노동자들이 작업을 시작하기 전에 충분한 안전교육을 받지 못하는 것도 문제이다.

하지만 무엇보다도 문제가 되는 것은 재해를 당했을 때 그 처리 과정에 있다. 산업재해가 발생하면 근로복지공단에서 산업재해보상보험 처리를 해 준다. 그러나 회사에서 산업재해보상보험 처리를 하지 않고 사업주가 임의로 치료를 받게 하는 경우(공상 처리)가 많다. 이런 경우 치료가 불충분하거나, 재발할 경우에 보상을 받을 수 없다. 특히 건설업의 경우 외국인 노동자가 속한 업체 자체가 하청을 받아 일을 하기 때문에 산업재해보상보험 처리가 쉽지 않다. 또한 불법 체류 외국인 노동자의 경우에는 강제 추방에 대한 불안으로 치료를 제대로 받지 못하거나 이후의 치료비 부담, 치료가 진행되는 동안 수입의 불안 등 여러 가지 문제를 동시에 안고 있는 형편이다.

법적으로는 1인 이상 사업장에서 업무상 상해를 입었을 때 산업재해보상보험에 따라 치료와 보상을 받을 수 있다. 이는 불법 체류 외국인 노동자라고 해도 예외는 아니다. 산업재해보상보험법상 외국인 근로자에게 그 적용을 배제하는 규정이 없기 때문에 내국인과 동등한 보장을 받을 수 있는 것이다. 그러나 이러한 실정을 잘 모를 때 적절한 보상을 받지 못하거나 강제 출국을 당하는 경우도 있다. 특히 불법 체류 외국인 노동자들은 산업재해보상보험이 회사의 가입 여부와 상관없이 보상을 받을 수 있다는 사실을 모르는 경우가 많다. 그러므로 외국인 노동자들에게 산업재해를 당했을 때 어떤 보상을 어떻게 받을 수 있는지에 대한 교육을 하는 것 또한 필요하다.

이처럼 산업재해를 입은 외국인 노동자들은 재취업에 대한 불안, 다친 몸으로 가족을 만날 것에 대한 두려움, 본국에서의 생활에 대한 걱정 등 많은 고민거리가 생긴다. 이러한 불안과 고민은 외국인 노동자들이 본국으로 돌아가는 것을 미루는 요인이 된다. 그러다 보면 불법 체류자가 아니던 사람도 불법 체류자가 되고, 벌어 놓은 돈은 조금씩 줄어들게 되고, 일자리를 구하기는 더욱 어려워지는 등의 악순환이 계속된다.

국내 이주민은 90일 이상 국내에 체류하면 그 자격에 따라 직장의료보험과 지역의료보험 가입을 통해 기본적인 건강관리와 질병치료를 받을 수 있다. 하지만 건강보험에 가입한 이주민은 전체의 30%에 지나지 않는다.

불법 체류 신분인 외국인 노동자들은 이 같은 기본적인 의료 혜택조차 받지 못하는 경우가 많다. 그러다 보면 비싼 병원비 부담 때문에 치료만 받으면 별것 아닌 증상을 그대로 두어 더욱 심각한 지경에 이르기도 한다.

이러한 불법 체류 외국인 노동자들을 위해서 사단법인 한국이주민건강협회(http://www.mumk.org)에서는 외국인 노동자를 위한 의료공제회를 운영하고 있다. 가입비 6천 원과 월 회비 5천 원을 납부하면 정식 의료보험에 가입하지 못하는 사람들도 의료보험에 준하는 혜택을 받을 수 있도록 도움을 주는 것이다. 형편상 의료보험에 가입하지 못하는 많은 외국인 노동자들이 이를 통해 도움을 받고 있다.

사람 사는 데가 다 똑같지, 뭐!

〈안산이주노동자센터〉 7년 쉼터지기 제훈 아저씨

"제가 술 드시면 안 된다고 몇 번이나 말씀드렸잖아요! 여기는 아저씨 혼자 계시는 곳이 아니라 여러 사람이 함께하는 곳이에요. 지금 여기 사람이 70명이나 되는데 자꾸 술을 드시면 어쩌자는 거예요."

저녁 식사를 마친 사람들이 삼삼오오 모여 한창 이야기를 나누고 있을 때였다. 갑작스러운 큰소리에 일제히 고개를 돌렸다. 소리가 나는 곳은 2층 '쉼터'(거처를 구하지 못한 외국

인 노동자들이 일시적으로 기거하는 생활공동체)에서 1층으로 내려오는 계단 가운데였다. 부목사님이 중국 아저씨의 것으로 보이는 술병을 뺏어 들고 계단을 내려오고 있었다. 그 뒤를 문제의 중국 아저씨가 휘청거리며 따르고 있었다.

담배라도 하나 피워 물 요량으로 센터 앞 천막을 들추고 나갔다 들어온 재호 아저씨가 황급히 중국 아저씨 곁으로 뛰어갔다. 걱정이 가득한 표정이었다.

"어이쿠, 어쩐다냐?"

한국말을 거의 할 줄 모르는 그 중국 아저씨는 단속이 시작되기 전부터 쉼터에 머물고 있었다. 그가 지나간 길엔 독한 술 냄새가 진동을 했다.

재호 아저씨는 주위에 중국어 통역할 만한 사람이 있는지 둘러보다가 조선족 한 사람을 발견하고는 부탁을 했다.

"중국어로 말 좀 해 주시우. 술 때문에 병원에 입원했다가 갓 나온 사람이 또 술을 마시면 어떡하나. 지금 단속 때문에 여기 모인 사람도 많은데 이러면 다 힘들잖아. 아무리 괴로워도 그렇지, 몇 번이나 그러지 말라고 사정을 했는데 또 이러면 어째! 이러면 다들 싫어하지."

통역을 부탁한 사람을 통해 재호 아저씨의 말을 건네 들었건만 그는 묵묵부답이다. 아저씨는 답답한 마음에 천막을 나왔다. 술이라도 좀 깰까 싶어 중국 아저씨도 함께 데리고 나왔다.

이곳에 드나들기 시작한 지 얼마 되지 않았을 때 이 중국 아저씨를 처음 봤다. 센터 방 한쪽에 누워 있던 그는 병색이

완연했다. 얼굴이 광대뼈에 거죽만 살짝 덮어 놓은 듯 마르고 옹색했다. 그때 재호 아저씨는 그가 곧 입원할 거라고 했다. 술을 너무 많이 마셔서 병이 난 거라 하면서. 그 뒤 두어 달이 지났을까? 병원 신세를 잠시 지고 온 중국 아저씨의 모습은 이전에 비해 훨씬 말쑥했다. 하지만 퇴원 후에 딱히 갈 곳도, 일자리도 없는 그는 다시 센터로 들어왔다. 왔으면 일자리라도 찾아다니고 그래서 다시 마음을 잡았으면 좋으련만 그는 자꾸 술을 마셨다.

 재호 아저씨에게 들은 바에 따르면, 그 중국 아저씨는 한국에 와서 1년 가까이 공사판에서 막노동을 했는데 오야지에게 품삯을 천만 원이나 떼였다고 했다. 그런데 돈을 떼어먹은 오야지가 같은 중국인 한족이었단다. 그러니 상심이 더 컸던 모양이다. 돈 벌러 타향에 와서 말 통하는 사람한테 뒤통수 맞은 그 기분이 어떻겠는가.

 재호 아저씨는 그를 이해 못하는 것은 아니었지만 쉼터를 지키는 사람으로서 늘 신경 쓰이고 힘든 사람이라고 했다. 한번은 내게 이런 말도 했다.

"며칠 전에 술에 취한 이이가 잠결에 마룻바닥에 실례를 했을 때는 말여, 휴, 사정이고 뭐고 진짜 뚜껑이 열리더랑께. 나도 나이가 마흔이 넘었는데 어찌 이런 치다꺼리를 해야겠어? 게다가 잘 씻지도 않아서 이이 주위에는 항시 냄새가 진동을 하네. 진짜 미치겠어!"

밤은 자꾸 깊어 가고 날은 쌀쌀해지는데, 그 중국 아저씨를 어찌해야 할지 재호 아저씨 역시 난감해하는 것 같았다. 사실 이 날씨에 이대로 그를 건물 밖에 있게 하는 것은 못할 짓이다. 소란도 잦아들고 천막 안쪽에 자리를 잡았던 사람들도 하나 둘 건물 안으로 들어갔다. 아저씨는 천막 안으로 들어왔다. 그러자 그 중국 아저씨도 슬금슬금 따라 들어와 건물 앞에 있는 의자에 앉았다.

아저씨는 계속해서 마음이 답답한지 담배 한 개비를 집어 들고 가깝게 지내는 근처 상점의 사장님에게로 갔다. 밤 열한 시가 넘어가고 있다. 나는 캔 커피 세 개를 사 들고 쫄레쫄레

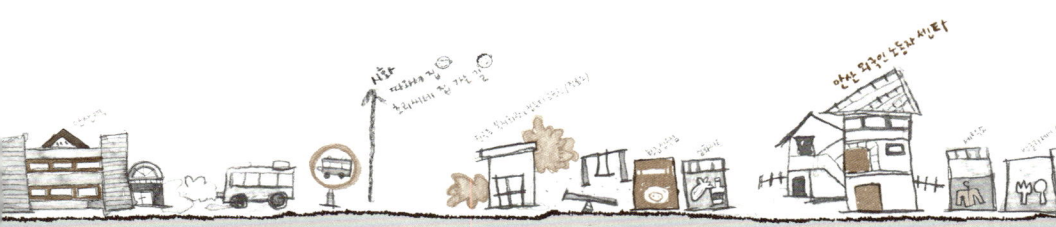

비록 말이 통하지 않아도 자신에게
호의를 베푸는 사람에게 도움을 주고 싶은 것이 사람 마음이다.

아저씨를 따라갔다.

"이걸, 어쩐다요? 모르는 사람들은 외국인들이 다 착하고 열심히 일만 하는 줄 알지. 아이고, 술 먹고 주정하는 건 한국 놈이나 외국 놈이나 마찬가지여."

사장님이 대꾸했다.

"그러게, 얼른 중국으로 보내요. 여기 있다고 돈을 버는 것도 아니고 몸만 망가지잖아. 차라리 자기 나라 가서 사는 게 안 나아? 예전에는 이 골목에도 애들 뛰어다니는 소리가 났는데. 원, 이제는 동네만 험하구."

사장님은 센터가 생기기 전부터 이 자리에서 장사를 해 온 분이다. 그야말로 원곡동 토박이다. 한자리에서 10년 넘게 장사를 해 오면서 원곡동이 공장 노동자를 위한 집단 거주지에서 외국인 노동자들이 모여 사는 곳이 되기까지의 과정을 두 눈으로 지켜본 사람 중 하나다. 그런데 지금은 이사를 해서 집은 원곡동이 아닌 다른 곳이란다. 사장님은 여기서 장사를 하는 상인 중에 원곡동에서 사는 사람은 별로 없다고 했다. 또 요새처럼 공기가 험할 때는 어딜 가나 말조심을 해야 한다며

씁쓸한 표정을 짓기도 했다.

"이렇게 단속이 강화되면 사람들이 얼마나 예민해지는지 몰라요. 장사하는 사람이야 간이고 쓸개고 다 떼어 놓고 나오긴 하지만, 그래도 요즘은 몸을 더 사려야 한다니까. 사람이란 것이 원래 벼랑 끝으로 몰리면 눈에 뵈는 게 없다잖아요? 조심해야 돼. 싫은 소리도 함부로 하면 안 돼. 살얼음판이지, 뭐."

문득 얼마 전 근처 다른 가게 아저씨께 인터뷰를 청했다가 거절당한 일이 떠올랐다. 이 지역 상인들은 외국인과 함께 살아가고 있지만 최근 들어 그들에 대해 말하기를 꺼렸다.

사장님과 한창 이야기를 하고 있는데, 안면이 있는 한족 한 사람이 지나가다 알은체를 했다. 아저씨는 그를 붙잡고 하소연을 시작했다. 그 한족 아저씨는 어느 정도 한국말을 알아듣는 것 같았다. 재호 아저씨가 입을 열었다.

"저이를 어찌해야 좋답니까? 아이고, 저러고 있어 봐야 일도 못하고 몸만 상하는디. 그냥 빨리 중국으로 가든지 해야 하는데…… 어찌해야 좋아요? 중국 사람들이 같이 어떻게 좀 해

보면 안 돼요?"

"저 아저씨 잘 몰라요, 우리."

"그래도 같은 한족 사람인데…… 여기 얼마 전에 몽골 사람도 하나 술 많이 먹어서 다 죽어 가니까 안산에 있는 몽골 사람들이 돈 조금씩 모아서 비행기표 사 가지고 보내 줬다고요. 내 말 무슨 말인지 알겠어요? 같은 나라 사람들끼리 서로 그렇게 도와줘요. 여기 센터에서 그런 걸 다 해 줄 수는 없잖아. 서로 알고 지내는 한족 사람들 없어요?"

"……"

그는 묵묵부답이었다.

재호 아저씨는 말해 봐야 입만 아프다는 듯 입맛을 다셨다. 그럴 만도 했다. 특히 요즘 같아서는 더욱 그럴 것이다. 단속을 피해 온 70여 명의 사람들로 센터 안은 북적북적하고, 사람들이 많다 보니 불편한 점이 한두 가지가 아니었다. 이삼일에 한 번씩 갈던 쓰레기봉투를 하루에도 두어 번씩 갈아야 하고, 아침, 저녁에 한 번씩 쓸어 내던 마당도 수시로 비질을 하지 않으면 금세 지저분해졌다. 결국 이런저런 뒤치다꺼리

들은 다 아저씨 몫으로 돌아왔다. 게다가 단속 때문에 사람들이 한껏 예민해져 있는 판에 이런 작은 소동이라도 한 차례 나면 다들 술렁술렁거렸다. 아저씨는 영 마음이 불편해 보였다.

재호 아저씨가 이곳 '쉼터' 지킴이로 일한 지 벌써 7년째다. IMF 때 와서는 뜬다뜬다 말만 하고 이제껏 붙어 있는 걸 보면 스스로도 "징하다."며 고개를 절레절레 흔들곤 했다. 아저씨는 철들기 전에 농사일이 너무 힘들어 집을 뛰쳐나왔다. 도회지에 나온 아저씨는 열심히 일했다. 성실하고 일 잘한다고 작업반장도 되고 과장도 됐다. 하지만 하루아침에 공장이 망하고 나니 남은 것도 잃을 것도 없었다. 대단한 욕심이 있었던 것은 아니지만 빈손이 되고 보니 억울했다. 지금 가진 게 없고 앞으로 가져다줄 것도 없으니, 결혼을 약속하고 같이 살던 여자는 떠나보낼 수밖에 없었다. 그 뒤 아저씨는 열심히 일하는 사람이 부자까지는 아니더라도 사람대접은 받고 살 수 있는 세상을 만들자는 마음으로 일용직 근로자 노조에서 일했다. 그러다가 어찌어찌하여 여기까지 흘러 들어왔다. 1997

년의 일이었다.

"아저씨, 들어가시오. 조심, 조심히."

사람들이 다 들어가고 난 다음에 재호 아저씨는 천막이 드리워진 마당 안쪽 의자에 쪼그리고 앉아 있던 중국 아저씨를 조심조심 데리고 들어갔다. 그리고 방에서는 도저히 재울 수가 없었는지 마루 한쪽에 자리를 펴고 그를 재웠다. 그의 몸에서는 여전히 참을 수 없을 만큼의 냄새가 났다. 아마도 재호 아저씨는 잠깐 숨을 멈추고서야 이불을 덮어 줄 수 있었을 것이다. 길고 고단한 밤이었다.

"여기 재활용이라고 써 있는데, 왜 그냥 쓰레기를 넣어? 아이고, 참."

오전 나절 바람에 자꾸 흔들리는 천막에 못질을 하고 돌아서던 재호 아저씨가 불평을 터뜨린다. 휴지통에 들어 있는 쓰레기들을 일일이 분리수거한 것이 어젯밤 일인데 또 언제 그랬냐는 듯, 재활용이 가능한 쓰레기와 재활용이 불가능한 쓰

레기가 한데 엉겨 있었던 것이다. 아저씨는 손바닥이 붉은 목장갑을 주머니에서 꺼내어 끼고 하나씩 분리를 시작한다. 나도 아저씨를 도와 쓰레기와 재활용품을 분리한다. 아무래도 내 손은 아저씨에 비해 더디다.

"그래도 이건 양반이야! 얼마 전에는 더한 일도 있었지. 저녁 때 쓰레기를 봉투에다 모두 모아 봉해 놓고 자지 않았겠어? 그런데 자고 일어나 보니까, 세상에, 쓰레기는 다 쏟아 놓고 봉투만 쏙 가져갔더라구! 허허, 참 기가 막히지 않아?"

나는 그저 웃을 수밖에 없었다. 아저씨도 이제 다 지나간 일이라는 듯 가볍게 웃어넘겼다.

재활용 상자에 있는 쓰레기를 한창 쓰레기봉투에 옮겨 담고 있는데 앞마당에서 담배를 피우던 인도네시아 아저씨 하나가 살금살금 천막 밖으로 고개를 내밀더니 밖으로 나가려고 했다. 재호 아저씨가 다급하게 그를 불러 세웠다.

"어디 가?"

"요기, 잠깐 요 앞에."

"나가면 안 된다고 그랬잖아!"

"잠~깐."

"얘기 못 들었어? 작년에 단속 때문에 여기 몸을 숨기고 있던 사람이 바로 요 앞 슈퍼 간다고 나갔다가 잡혔어. 나가면 센터에서도 책임 못 져."

"지금 경찰 없어. 괜찮아."

"아이고, 경찰이 '나 여기 있소.' 하고 돌아다녀?"

"괜찮아, 괜찮아."

그는 아저씨의 충고를 무시한 채 두리번거리며 천막을 걷고 밖으로 나갔다. 단속을 피한다고 하루 종일 이 안에만 있다 보니 갑갑해하는 건 이해하지만, 한 명이 나가면 보고 있던 다른 사람도 나가고 싶어진다는 게 더 문제다.

"난 몰라. 잡혀도 몰라. 난 나가지 말라고 했응게."

아저씨는 짜증 섞인 목소리로, 이런 식으로 다들 나가려고 하니 관리하는 아저씨 입장이 무척 난처하다고 했다.

"이 사람들도 다 똑같은 사람이여. 규칙을 잘 따르는 사람이 있는가 하면, 죽어라 말 안 듣는 사람이 있고, 말 안 해도 와

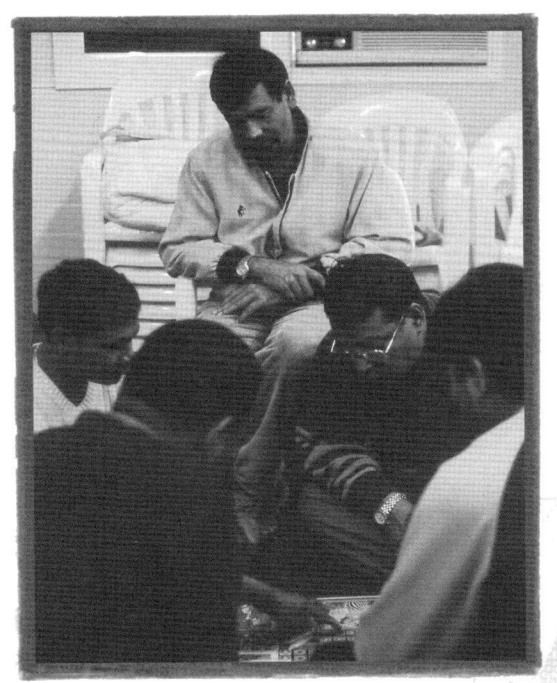

여기 생활 7년에 느낀 바가 있다면,
   한국인이든 외국인이든 좋은 사람은 좋고 나쁜 사람은 나쁘다는 것이여!

서 이것저것 거드는 사람이 있는가 하면 다 같이 힘을 모아도 될까 말까 한 일을 눈앞에 두고도 뺀질뺀질 자기 볼일만 보는 사람도 있지. 여기 생활 7년에 느낀 바가 있다면, 한국인이든 외국인이든 좋은 사람은 좋고 나쁜 사람은 나쁘다는 것이여!"

돈 많이 주고 와서 열심히 일하다가 재수 없이 다쳐서 보상금도 제대로 못 받은 사람을 보면 아저씨도 마음이 많이 아픈 듯하다. 그런 사람들을 대할 때 아저씨는 더욱 각별해 보인다. 일전의 그 술주정뱅이 중국 아저씨만 해도, 그 사람으로 인해 귀찮은 일을 도맡아 하면서도 때 되면 밥 챙기고, 날 추워지면 든든히 옷 입으라는 당부를 잊지 않으신다. 그러면서도 남의 도움받는 것엔 서툴다. 혹 어떤 사람이 아픈 팔로 청소라도 거들어 줄라치면, 아저씨는 미안함과 고마움이 교차하는 듯한 얼굴로 "저 사람 참 착해. 자기도 다쳤으니 힘들 텐데 도와주네그려." 하고 가슴을 쓰다듬는다.

반면에 팔다리 말짱한데 남의 도움만 기대하고 여럿이 생활하는 데서 자기 생각만 하는 사람들도 있다. 외국인이고 아니고의 여부를 막론하고 사실 그런 사람들은 어디에나 있다.

아저씨는 그런 사람들을 제일 싫어한다.

"예전에 여기 쉼터에 방글라데시 사람이 하나 살았지. 어유, 얼마나 뺀질인지 청소는 죽었다 깨어나도 안 하고……. 그래, 그건 좋단 말이야. 사람은 열 명이 넘고 욕실 겸 화장실은 하난데, 한 번 샤워를 하면 사십 분은 족히 하는 거야. 그것도 꼭 출근 시간에. 아침 여덟 시가 다 되어 가는데 사람들은 화장실 앞에 줄서서 기다리고, 안에 있는 사람은 안 나오고. 속 터져 죽는 줄 알았지!"

쉼터를 관리하면서 아저씨 또한 늘 좋은 소리만 듣는 것은 아니다. 쉼터에 들어올 수 있는 사람 수는 한정되어 있는데, 들어와 머물고자 하는 사람들이 많다 보니 인원이 넘치면 자연스레 형편이 좀 나은 사람들부터 내보낼 수밖에 없다. 하지만 남이 보기에 형편이 좀 나은 것이지 당사자들이야 각자 자기 사정이 제일 딱하다고 생각할 것이니 아저씨가 아무리 돌려서 말을 해도 기분이 좋을 리 없다. 아저씨는 단속이 있기 전에도 한참 동안 그 일로 마음고생을 했다.

"살면서 가까운 사람들에게도 싫은 소리를 잘 못했는데 그런 이야기를 해야 할 때는 얼마나 곤란했던지……."

사람이 지금처럼 많아지기 전, 그러니까 단속 전인 10월에는 센터에 열 명 정도의 사람들이 지내고 있었다. 하지만 단속이 강화되면서 많은 외국인 노동자들이 입소를 신청했다. 어쩔 수 없이 지금까지는 쉼터에서 지냈지만 형편이 좀 나은 사람들에게는 퇴소를 권유할 수밖에 없었다.

"여기 11월에 사람들이 많이 들어와요. 아줌마는 좀 어디 지낼 데를 찾아보면 좋겠는데……."

"아이고, 내래 돈이 있으면 일찌감치 나갔지 여기 왜 있갔어요. 작년에 허리를 삐끗해 가지구서는 열 달 동안 일을 못해 돈이 없어요."

"아줌마 사정 알지. 내가 왜 몰라? 그러니까 어디 친구네나 친척이라도 잘 만한 데 없어요?"

"내가 여기 아는 사람이라고는 하나가 없지요. 아는 사람 있으면 내가 여기 있갔어요. 아유, 속상해 죽갔네. 사람이 얼만치 많이 들어오길래 기래요?"

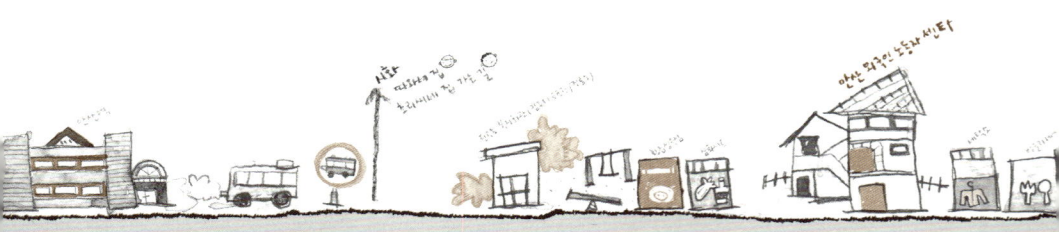

"아마 6, 70명은 들어올 거예요."

"그 사람들은 다 불법이라요? 그 사람들은 몇 해씩 여기 살았길래 기래요?"

"장기 체류자인 사람들도 있고 비자가 있어도 갈 곳 없는 사람들, 산재 환자들……. 다들 형편이 안 좋아요. 날도 추워지고. 아줌마는 아직 2년도 안 되었고, 돈벌이도 있으니……."

"아이고, 속상해 죽갔네. 나는 이제 어디로 가나."

사실 남의 나라에 와서 돈을 번다는 것만으로도 외국인 노동자들은 국적과 상관없이 서로 동질감을 느끼며 안타까워했다. 그러나 고용허가제 이후로 그 모양새가 조금씩 변하고 있었다. 3년이라는 법적 기준이 생기고 나니 사람들은 그 기준을 사이에 두고 묘하게 서로를 경계했다. 3년 넘은 사람들은 3년 안 된 사람들에게, 그래도 당신들은 불법은 아니지 않느냐는 듯한 눈빛을 보냈다. 그리고 3년 안 된 사람들은 3년 이상 된 장기 체류자들에게, 그만큼 벌었으면 이제 갈 때도 되지 않았냐, 당신들이 그러고 있으니 우리 모두가 피해를 보는 것 아니냐 하는 듯한 분위기를 풍겼다. 그 사이에서 쉼터를 관리해

야 하는 아저씨는 늘 맘에 없는 모진 소리를 하느라 고생이었다. 그런 이야기를 할 때면, 아저씨는 괜히 손님 내쫓는 야박한 주인이 된 것 같아서 마음이 무겁다고 했다. 하지만 이런 불편한 마음 따위야 아랑곳없이 그저 자기 기분만 생각하는 사람들을 보면 아저씨도 이만저만 서운한 것이 아니다.

"언젠가는 사정이 이러이러 하니 좀 봐 달라 이야기를 하지 않았겠어? 아, 그랬더니 다짜고짜 '아저씨, 나쁜 놈!' 이라고 버럭 소리 지르며 화를 내더라구. 내가 나이가 마흔이 다 넘어서 죄 없이 그런 소리를 듣고 보니 며칠 동안 밤잠을 다 설쳤다니까. 아이고, 내가 여길 얼른 떠야지, 원."

아저씨는 당장이라도 센터를 떠날 것처럼 말했다. 그렇지만 나는 안다, 아저씨가 이곳을 그리 쉽사리 떠나지 못할 것을. 미운 정은 고운 정보다 깊어서 끈끈이주걱처럼 사람들을 붙들고 놓아주지 않는다는 것을.

쓰레기를 대충 분리수거하고 나니 바람이 더 세차게 불었다. 천막에 박아 놓은 못이 영 불안했다. 아저씨는 천막을 좀

더 단단히 고정시킬 요량으로 망치와 못을 들고 나왔다. 못을 두어 개 박았을 무렵 누군가 뒤에서 아저씨를 툭 쳤다.

모로코 아저씨였다. 그는 오랜 타향 생활 때문인지 건강이 좋지 않았다. 폐가 좋지 않은지 아침마다 달리기를 했다. 한동안은 내게도 함께 달리기를 하자고 했다. 운동화를 신고 원곡동 주변을 달리는 것만 보면 별로 나이 들어 보이지도, 아파 보이지도 않았다. 그렇지만 언젠가 센터에 오신 의사 선생님의 진료에 따르면 입원 치료가 필요한 정도로 심각한 상태라고 했다. 그러나 모로코 아저씨는 웬일인지 늘 웃고 있었다. 영어도 한국말도 못하다 보니 표정으로나마 호의를 표하고 싶었는지도 모르겠다. 그는 아저씨에게 망치를 달라는 듯이 손을 내밀었다.

"뭐요? 이거 해 보실라고요? 힘들 텐데……."

그는 괜찮다는 듯 고개를 끄덕이며 연신 손을 내밀었다. 아저씨가 그에게 망치와 못을 건넸다. 망치와 못을 받아든 그는 보란 듯이 못질을 했다. 탕탕탕, 못을 박고 못 머리 부분을 구부려 단단하게 고정까지 시킨 그는 확인을 받듯이 활짝 웃

으며 말했다.

"오케이?"

"흐흐, 오케이."

아저씨도 덩달아 웃었다.

비록 말이 통하지 않아도 자신에게 호의를 베푸는 사람에게 도움을 주고 싶은 것이 사람 마음이다. 아저씨는 영어나 중국어를 할 줄 모르고, 이곳에 오는 사람들 중에는 한국말을 전혀 모르는 사람도 있다. 하지만 의사소통에는 거의 아무 문제가 없다. "오케이, 오케이"와 한국말과 몸짓을 적당히 섞으면 말이 되기 때문이다.

배고플 것 같은 사람에게 밥 먹는 시늉을 하며 "오케이?" 하면 되고, 팔이 아프면 팔을 주물럭주물럭하며 아픈 표정으로 "아파."라고 하면 그만이었다. 말을 듣는 외국인 역시 자기 나라 말로 대답했지만 아저씨는 대개 다 알아들었다.

"사람이 필요한 것이라 봐야 먹는 것, 자는 것, 입는 것, 아니여? 그 정도는 손짓 발짓으로도 다 통할 수 있지. 그래서 각

자 자기 나라 말로 이야기를 해도 욕을 하는지, 칭찬을 하는지 금방 알 수 있지."

아저씨는 반쯤은 흐뭇한 얼굴로 또 반쯤은 걱정스러운 얼굴로 못질하는 모로코 아저씨를 바라봤다. 바람은 더욱 세차게 불고, 탕탕탕 망치질 소리는 하늘로 퍼져 나갔다.

외국인 노동자들은 왜 우리나라에 와서 일을 하나요?

2008년 국제이주기구의 통계에 따르면 전 세계의 이주 노동자는 2억 1천4백만 명에 이른다. 이는 전 세계 노동인구의 3.1%에 해당하는 숫자이다. 이렇게 자기 나라를 떠나 다른 나라에서 일을 하는 외국인 노동자가 우리나라에만 있는 것은 물론 아니다. 미국, 일본, 프랑스 등 소위 선진국이라고 불리는 나라에도 이주 노동자들이 많이 있을 뿐만 아니라, 우리나라나 대만과 태국처럼 어느 정도 생활수준이 안정된 나라에도 이주 노동자가 많이 있다.

외국인 노동자들이 고국을 떠나 새로운 일터를 찾아가는 것은 고국에 남겨진 가족을 위해 돈을 벌고 새로운 희망을 찾기 위해서다. 자본주의가 발달하면서 국가 간 소득수준의 차이 역시 커졌기 때문에 어떤 나라에서는 아주 작은 돈이 다른 나라에서는 아주 큰 돈이 될 수 있다. 외국인 노동자들은 이런 점을 잘 알고 돈을 벌기 위해 다른 나라를 찾지만, 외국인 노동자들이 찾아가는 나라 역시 그들을 필요로 하는 것이 사실이다. 소득수준이 높아진 국가의 국민들은 생활수준이 높아지면서 대체로 힘들고 지저분하고 위험한 일을 꺼리는 경향이 생긴다. 그런 경우에 돈 벌기를 원하는 외국인 노동자들이 이런 어려운 일들을 대신할 수 있다.

　더 나은 삶을 위해 고국을 떠나 돈을 벌러 온 외국인 노동자들이나 그 외국인 노동자들의 노동력이 필요한 국가는 그래서 서로 의존하는 관계다. 문제는 어떻게 하면 외국인 노동자의 인권을 보호하면서 자국의 상황에도 도움을 줄 수 있느냐 하는 것이다. 이를 위해 각국은 나름대로 노력을 기울이고 있다. 이를테면 독일은 공공직업안정소를 통해 4주 이상 내국인을 고용하려는 노력을 한 뒤에야 외국인을 고용할 수 있고, 외국인 고용이 독일인의 고용 조건을 악화시키지 않을 것과 취업한 외국인에게는 독일인과 동등한 대우를 해 줄 것을 의무화하고 있다. 그렇게 함으로써 자국의 노동자뿐만 아니라 외국인 노동자까지 보호하는 것이다.

　이처럼 세계 여러 나라가 외국인 노동자들을 받아들이고 함께 살아가기 위한 갖은 노력을 하고 있다. 우리나라 역시 2004년 '외국인 근로자의 고용 등에 관한 법률'을 제정하여 외국인 노동자와 함께 살아가기 위한 노력을 기울이고 있다. 우리나라 사람들 역시 전쟁 후, 독일이나 미국 등 선진국에서 외국인 노동자로 어렵게 살아왔고 그들의 피와 땀이 오늘날 우리나라 경제 성장의 밑거름이 되었다는 점을 잊지 않는다면, 외국인 노동자들과 따뜻한 마음으로 함께 살아갈 수 있을 것이다.

... 늦깎이 고등학생 딸와 —

사랑하는 엄마께

엄마, 저 따와예요. 몽골에는 잘 도착하셨죠? 저도 집에 잘 돌아왔어요. 엄마, 엄마가 몽골로 간 게 어제 새벽이니까, 아직 이틀도 채 안 지났네요. 그런데 왠지 제게는 아주 오래전의 일 같아요. 아무렇지도 않을 것처럼 큰소리를 땅땅 쳤는데, 지금은 엄마가 많이 보고 싶어요. 걱정도 좀 되고요. 그렇다고 밥을 안 먹는다거나 학교에 안 간다거나 그러지는 않아요. 아시죠? 저는 엄마의 멋진 아들 따와니까요.

 오늘은 날이 참 추워요. 바람도 많고. 엄마가 이곳을 떠나

던 어제도 바람이 참 많이 불었었죠. 해가 뜰 기미도 보이지 않는 이른 새벽, 커다란 짐 가방을 들고 엄마와 함께 인천 공항으로 갈 때 말이에요. 공항버스를 타고 가는 내내 엄마는 밥은 어떻게 해 먹어야 하는지, 쓰레기봉투는 어떻게 버려야 하는지 거듭 말씀하셨지요. 7년 만에 고향으로 돌아가는 길인데도, 엄마는 가족들을 만날 기쁨보다도 여기 남아 있을 제가 더 많이 걱정되셨나 봐요.

엄마가 하시는 이야기를 들으면서 저는 오래도록 엄마의 얼굴을 봤어요. 처음 한국에 왔을 때보다 많이 늙어 보이는 엄마의 얼굴. 저는 엄마의 젊음을 먹고 자랐나 봅니다. 저는 이렇게 쑥쑥 자라는데 그만큼 엄마 얼굴에는 주름살이 늘어가요. 그런 엄마를 보고 있자니 갑자기 눈물이 날 것 같았어요. 하지만 꾹 참았어요.

공항에 도착하고, 막상 엄마와 헤어질 시간이 가까워 오니 자꾸만 눈에 눈물이 고였어요. 엄마는 한 달 후에 다시 돌아오겠다고 했지만 헤어지는 건 헤어지는 거잖아요. 하지만 그럴수록 저는 눈물이 흐르지 않도록 더 꾹 참았어요. 제가 울면 엄마도 울 거라는 걸 알기 때문이에요. 엄마는 비행기를 타러 가면서도 자꾸 저를 돌아다봤어요. 돌아보면서 어서 가라고 손짓도 했지요. 엄마가 공항 문으로 들어가는 것을 보고 나자 긴장이 좍 풀리면서 온몸의 힘이 빠졌어요.

공항버스를 타고 학교로 가면서, 문득 엄마에게 편지를 써야겠다는 생각이 들었어요.

엄마, 정말 아주 오랜만에 엄마한테 편지를 써요. 예전에 제가 한국에 오기 전, 엄마 혼자 한국에 와서 일을 하고 계실 때, 엄마께 편지를 보냈던 일이 생각나요. 벌써 5년도 훨씬 넘은 일이네요. 훗, 그때 일 기억나세요? 그때 엄마가 제 편지를 받고 저를 나무라셨던 거 말이에요. 몽골어 철자법이 틀렸다면서요. 그땐 좀 서운하기도 했어요. 제 딴에는 정성 들여 썼는데 혼났으니까요. 하지만 이제는 이해해요. 엄마는 항상 제가 무엇이든 잘하기를 바라셨어요. 저도 그런 엄마의 뜻을 따르려고 많이 노력했는데 아직도 부족한 게 참 많네요.

그렇다고 제가 무엇이든 잘해야 하는 이유가 꼭 엄마 때문만은 아니에요. 여기 있는 몽골 아이들 중 제가 가장 큰 형이고, 제일 처음으로 학교에 다니게 되었으니 본보기가 되어야 한다는 걸 아니까요. 가끔은 그게 부담스럽기도 하지만 그럴수록 열심히 하려고 해요. 엄마도 늘 열심히 일하시지요. 그리고 엄마가 그렇게 열심히 일하시는 게 저 때문이라는 걸 잘 아니까요.

"저 형이 따와 형이야, 우리처럼 몽골 사람이야. 저 형이 우리 중에서 학교에 제일 먼저 다녔어." 그러면 저도 모르게 긴장이 되요. 고등학교 생활도 잘해서 다른 동생들의 모범이 되고 싶어요.

내년부터 고등학교에 다닐 수 있게 된 것이 너무 기뻐요. 고등학교 신체검사를 하러 간 날, 얼마나 떨렸는지 몰라요. 나이로 치자면 열여덟. 벌써 고등학교 3학년이 될 나이이지만, 나라에서 인정하는 졸업장도 받을 수 없는 청강생이지만, 학교에 다니지 못해서 발을 동동 굴렀던 4년 전을 생각하면 지금은 더할 수 없이 좋아요.

엄마, 그때 일 기억하세요? 어떻게든 저를 학교에 보내겠다고 2년 동안 안산에 있는 중학교란 중학교는 다 뒤지고 다녔던 거 말이에요. 가는 학교마다 안 된다고들 했죠. 다들 중학교는 공립이라서 대한민국 국적을 가진 사람만이 다닐 수 있다고 했어요. 안 그러면 문제가 생길 수 있다고 했지요. 무슨 문제가 생긴다는 건지 아직도 정확히는 모르겠지만 어쨌든 입학시켜 줄 수 없다는 거였죠, 뭐. 어떤 학교는 뻔히 있는 교장 선생님이 자리에 없다며 문전 박대를 하기도 했어요. 그땐 이렇게까지 해서 학교라는 것을 꼭 다녀야 하나 하는 생각이 들기도 했었지요.

저도 엄마도 거의 포기하려 했을 때, 겨우 지금의 학교에

들어갈 수 있게 된 거잖아요. 원곡 중학교에서 2학년생으로 절 받아 주었죠. 그때 절 받아 주셨던 교장 선생님께 아직도 너무나 감사해요. 교장 선생님은 원곡 중학교도 공립학교라 대한민국 국적이 없는 저를 받아 주면 문제가 생길 수도 있었는데 저를 받아 주었지요. 이제 졸업이 얼마 남지 않았고 아직 아무 문제도 일어나지 않았어요. 도대체 뭐가 문제였던 걸까요?

어쨌든 한국에서 학교를 다닌 지 벌써 2년이나 되었다니 믿어지지가 않아요. 원곡 중학교에 첫발을 딛었던 그때가 아직도 마음에 생생하게 남아 있어요.

입학식을 하고 이틀인가 지나서 저는 담임 선생님을 따라 교실로 들어갔어요. 담임 선생님은 저를 몽골에서 온 전학생으로 소개했지요. 그때 아이들이 다 저를 빤히 쳐다봤어요. 빤하게 쳐다보는 아이들의 눈이 조금 무섭기도 했어요. 몽골에 있을 때는 저도 학교에 다녔지만 2년 동안이나 학교에 다니지 못했고, 여기는 고향도 아닌 멀고 먼 외국 땅 낯선 학교였으니까요. 또 나이도 많았고요.

처음에 아이들은 신기해하며 말을 붙이기도 했어요. 하지

만 조금 지나자 아이들의 그런 호기심은 금방 시들해졌어요. 그도 그럴 것이 저는 한국 사람이랑 정말 똑같이 생겼거든요. 똑같이 황색 피부에 적절히 높은 코, 까만 눈……. 어떤 애들은 제가 탤런트 ○○을 닮았다고도 해요. 제가 엄마 닮아서 좀 잘생겼잖아요, 헤헤헤. 여하튼 얼굴로는 외국인이라는 걸 구분할 수 없어서인지 아이들은 별로 절 따돌린다거나 하지 않았어요.

지금은 반 아이들과 아주 친하게 지내요. 아무하고나 스스럼없이 친해지는 성격은 아니지만, 제게는 아이들과 친해지는 저만의 비법이 있답니다. 농구 말이에요. 엄마도 알고 계시겠지만 저는 운동을 좋아해요. 그 중에서도 특히 농구가 좋아요. 제가 같은 반 아이들보다 나이가 많고 키도 조금 더 커서 농구를 잘하다 보니까 아이들도 저와 한편이 되고 싶어 해요. 그렇게 땀을 뻘뻘 흘리며 함께 농구를 하다 보면 '난 몽골인이야.' 하던 생각도, 또 다른 마음속 고민들도 하얗게 지워지고 그냥 팀원의 일부가 되요. 그 느낌이 참 좋아요.

그렇다고 학교 생활이 늘 좋기만 했던 건 아니었어요. 원

래 아이들하고 지내다 보면 싸울 일도 있고 그런 거잖아요. 저도 아이들하고 있다 보면 이런저런 이유로 다툼이 생길 때가 있었거든요. 그럴 때마다 저는 꾹 참았어요. 문제를 일으키면 안 된다는 걸, 혹 이 학교에서 쫓겨나면 다른 어디도 갈 수 없다는 걸 아니까요. 평소에는 아무렇지 않다가도 그런 순간이 오면 저는 제가 한국 사람이 아닌 외국인이라는 걸 절실히 느끼곤 했어요.

한번은 축구부 아이들이 축구를 하는 운동장을 가로질러 간 적이 있었어요. 저는 걔들이 그걸 싫어하는지 잘 몰랐거든요. 그래서 그 축구부 아이들 여럿과 싸움이 날 뻔했죠. 운동하는 아이들이 좀 거친 면이 없지는 않지만 사실 저는 걔들보다 나이도 많잖아요. 좋게 말하면 되는데, 저도 미안하다고 하려 했는데, 막 시비를 걸어오기에 저도 싸우고 싶었어요. 덤비면 다 이길 수도 있을 거 같았죠. 하지만 주먹을 불끈 쥐다가 마지막 순간에 그만뒀어요. 여기는 한국이고, 걔들은 한국 애들이고, 저는 몽골 사람이니까요. 싸움이 커져서 학교에서 문제가 되면 걔들은 다른 학교를 찾아갈 수도 있겠지만 저는 그

렇지 못하니까요. 학교를 알아보러 다니느라 고생했던 엄마와 또 도움을 준 많은 사람들이 떠올랐어요. 교장 선생님 얼굴도요. 저는 그냥 걔들에게 미안하다고 했어요.

학교 공부를 따라가느라고 2학년 한 해 동안은 학원에 다녔잖아요. 그때도 참 많이 힘들었어요. 학교 끝나고 학원에 갔다 집에 돌아오면 새벽 한 시였던 거 엄마도 아시죠? 엄마가 힘들게 벌어 오시는 돈으로 등록해 준 학원이니까 빠지지 않고 다니긴 했지만, 와! 새벽 한 시라뇨? 그건 너무 힘들었어요. 학원 수업 마지막 시간에는 너무 졸려서 거의 알아듣지도 못하겠더라고요. 한국 아이들 대부분이 다 그렇게 공부를 한다는 게 지금도 잘 믿어지지가 않아요. 몽골에서는 상상도 할 수 없는 시간인 거, 엄마도 아시죠? 제가 너무 힘들어 보였는지 엄마가 그만 다니라고 하셔서 지금은 안 다니지만, 앞으로도 절대 그러고 싶지 않아요. 사실 그땐 너무 힘들어서 그랬는지 막 성질이 날 때가 많았어요.

하지만 이제는 안 그래요. 예전에는 화나는 일도 많고, 꾹꾹 참다가도 갑자기 마구 터트리곤 했는데 요즘에는 별로 그

런 일이 없어요.

　　마음이 좀 답답하거나 속이 상할 때면 음악을 들어요. 그러면 기분이 많이 좋아져요. 엄마도 제가 음악을 얼마나 좋아하는지 아시죠? 예전에도 그랬고 지금도 그렇지만, 한국에 온 지 얼마 안 되어 한국말을 미처 배우기 전, 다른 사람들과 이야기가 잘 통하지 않았을 때, 그땐 정말 음악이 큰 위안이 되었어요. 그때 음악이 없었다면 정말 많이 힘들었을 것 같아요. 음악 중에서도 저는 특히 록 음악이 좋아요. 시끄럽다고 하는 사람도 있지만, 저는 그 시끄러운 소리를 듣고 있으면 터져 버릴 것 같던 가슴이 시원해지고, 머릿속이 깨끗해지는 것 같거든요. 말로는 다 설명할 수 없는 그런 기분이 들거든요. 우리끼리 하는 말로 '필'이 와요. 그것도 '팍팍' 와요. 남들은 시끄럽다지만 저는 록 음악이 좋아요.

　　엄마, 저는 사실 음악을 하고 싶어요. 노래도 부르고 기타도 치고 싶어요. 취미로 그냥 조금씩 부르는 거 말고 진짜 록 음악 가수가 되고 싶어요. 가끔 기분이 우울할 때면 무대 위에

서 머리를 흔들며 노래하는 내 모습을 상상해요. 그러고 나면 가슴이 두근두근하고 기분이 좋아져요. 하지만 음악을 시작하기에 저는 나이가 너무 많아요. 그리고 음악을 하고 가수가 되도, 웬만큼 해서는 돈을 벌기가 어렵다는 것도 알아요. 그래서 아직은 그냥 이런저런 생각 중이에요. 제 또래의 아이들이 다 그렇듯 저도 꿈이 많아요. 가수도 되고 싶고 경찰관도 되고 싶고, 운동선수도 되고 싶어요. 하지만 아직은 그 중에서도 록 음악 가수가 제일하고 싶다, 이 말이에요.

제가 이런이런 사람이 되고 싶다고 엄마한테 말하면, 엄마는 제가 하고 싶은 것을 하라고 늘 말씀해 주셨죠. 엄마가 그렇게 이야기해 주셔서 너무 고마워요. 하지만 저는 알아요. 엄마가 말씀은 그렇게 하시지만 사실은 제가 변호사나 의사가 되기를 바라신다는 걸요. 저도 엄마가 바라는 사람이 되고 싶어요. 저는 엄마의 하나밖에 없는 아들 따와니까요. 엄마가 아빠 없이 혼자서 저를 키우느라 얼마나 고생하신지 잘 알고 있고 그럴수록 멋진 사람이 되어서 보답하고 싶어요.

그런데 저도 참 답답해요. 언제까지 한국에 있을지 언제

몽골로 돌아가는지, 그런 걸 다 알아야 뭘 공부하고 어떤 사람이 될지 정할 수가 있는데 그렇지 못하니까요. 마음 같아서는 한국에서 대학교까지 다니고 싶지만, 학력도 제대로 인정받지 못한 지금으로서는 쉽지 않을 거 같아요. 게다가 단속이니 강제 추방이니 해서 어수선할 때는 저도 덩달아 불안하고 공부가 잘 안 되고.

하지만 이번에 고등학교에 입학하고, 컴퓨터과에서 공부할 수 있게 되어서 조금은 안심이에요. 제가 늘 꿈꿔 왔던 일도 아니고 엄마가 바라는 일은 더더욱 아니지만, 컴퓨터 기술을 잘 배워 놓으면 몽골에 가서도 좋은 회사에 취직하기가 쉽대요. 그러면 엄마도 더 이상 힘든 일 안 하고 함께 몽골에서 행복하게 살 수 있을 텐데…….

공부 열심히 할게요. 그럼요, 열심히 해야죠. 게다가 고등학교 입학 역시 안산에 있는 몽골 아이들 중 제가 최초이고, 제가 얼마나 잘하느냐가 다른 몽골 아이들의 입학에 영향을 끼친다니 열심히 하지 않을 수가 없어요. 제가 중학교 2학년 생활을 잘한 덕에 이듬해부터 다른 몽골 아이들에게도 학교

엄마는 항상 제가 뭐든 잘하기를 바라셨어요.
저도 그런 엄마의 뜻을 따르려고 많이 노력했는데 아직도 부족한 게 참 많네요.

에 입학할 수 있는 기회가 주어진 거, 엄마도 아시죠? 지금은 우리 학교에 다니는 몽골 아이들이 열 명이나 된대요. 그 중에 몇 명은 아는 아이들이고 또 몇 명은 모르는 아이들이지만 그 아이들은 절 보면 이렇게 말하곤 해요.

"저 형이 따와 형이야, 우리처럼 몽골 사람이야. 저 형이 우리 중에서 학교에 제일 먼저 다녔어."

그러면 저도 모르게 긴장이 되요. 고등학교 생활도 잘해서 다른 동생들의 모범이 되고 싶어요. 낯선 땅에서 사는 우리들에게 학교는 단순히 지식을 배우는 곳만이 아니거든요. 세상은 함께 살아가는 거고, 우린 학교에서 그걸 배우니까요. 언제 몽골로 돌아가게 될지 한 치 앞을 내다볼 수 없지만, 이곳에 있는 동안은 이곳 아이들과 함께 한 교실에서 공부하고 싶어요. 그렇게 같이 살고 싶어요. 아마 여기 있는 외국인 아이들이라면 누구나 그럴 거예요.

엄마, 밤이 되었어요. 엄마랑 제가 사는 이 지하 방은 창이 없어 늘 침침하지만, 그래도 밤이 되면 더 어둑해지는 거 같아

요. 이렇게 혼자 앉아 있으니 조금은 무섭기도 하고 외롭기도 해요. 이상하죠? 엄마가 일하고 늦게 돌아올 때도 늘 집에서 혼자 엄마를 기다린 적이 많은데 그때 기분이랑은 많이 달라요. 음악을 틀어 봤어요. 그랬더니 무서움은 사라진 듯한데 외로움은 여전하네요.

제가 한국으로 오기 전, 엄마 혼자 여기서 일할 때 엄마도 이런 기분이었나요? 그렇게 3년 뒤에 엄마가 있는 이곳으로 제가 왔지요. 저는 지금도 공항에서 엄마를 만났을 때의 감격이 생생해요. 엄마도 그랬겠지요?

엄마, 지금 몽골은 아주 추운 겨울이죠, 그렇죠? 그곳은 한국하고는 비교도 안 될 만큼 추우니까. 그래도 좋죠? 7년 만의 귀국이잖아요. 할머니 할아버지랑 이모랑 삼촌이랑 친척들 다 만나고……. 엄마, 지금 몽골 우리 집은 거의 축제 분위기일 거예요. 아아, 저도 함께 갔으면 더 좋았을 텐데. 하지만 학교를 빠질 수가 없었어요. 엄마, 제 몫까지 많이 행복해지고 오세요. 몽골 음식도 많이 드시고 마음껏 즐기다 돌아오세요.

하지만 너무 늦게 오지는 마세요. 혹시라도 제때에 비자가 나오지 않을지도 모른다는 생각이 들 때면, 저 혼자 여기 남아 있게 될까 봐 조금 무섭기도 하거든요.

"엄마, 날 추운데 감기 조심하고 몸 건강히 돌아오세요. 엄마, 사랑해요."

엄마의 아들 따와 올림.

추신 : 돌아오실 때 꼭 연락 주세요. 공항으로 마중 나갈게요.

≫ 외국인 노동자의 자녀는 학교에 다닐 수 없나요?

우리나라에 와서 일을 하는 외국인 노동자가 늘어나면서 그 자녀 역시 늘어나고 있는 것이 현실이다. 출입국·외국인정책본부의 통계에 따르면 2008년 3월 기준 16세 미만의 체류 외국인은 38,466명이고, 이 중 약 3분의 1 정도가 미등록 상태인 것으로 추산되고 있다.

외국인 노동자의 자녀들이 국내에 체류하는 경우는 크게 두 가지이다. 첫째는 외국에서 태어났지만 부모가 이주하면서 함께 우리나라로 입국하는 경우이다. 이 경우 현행법상 외국인 노동자는 가족을 동반해서 입국할 수 없기 때문에 동반이주는 힘들다. 그래서 부모 중 한쪽이 이주한 뒤에 친척이나 전문 브로커 등 다양한 경로를 통해 자녀를 입국시킨다.

둘째는 자녀가 국내에서 태어났을 때인데, 이때는 부모의 국내 체류비자의 성격에 따라 자녀의 위치도 결정된다. 만약에 부모가 불법 체류자라면 한국에서 태어났다 하더라도 자녀는 국적을 취득할 수 없다.

외국인 불법 체류자의 자녀는 그의 부모와 마찬가지로 출입국관리법상 불법 체류자이지만, 그 자녀가 법을 위반한 것으로 간주

하지는 않는다. 그러므로 부모의 체류 자격과 관계없이 자유권, 평등권, 사회권 등 인간의 기본 권리를 보장 받을 수 있는 것이 원칙이다. 유엔의 아동권리협약에 따르면 "아동은 인종, 피부색, 언어, 종교, 정치적 또는 사회적 출신 등의 신분에 의한 차별을 받지 않는다"고 명시하고 있고 우리나라는 이 아동권리협약의 가입국이기도 하다. 하지만 실제로는 불법 체류 외국인 노동자의 자녀 또한 사회적으로나 법적으로 부모와 같은 불법 체류자로 인식되는 것이 우리나라의 현실이다.

2002년까지 취학 연령에 있는 외국인 노동자의 자녀들은 학교 교육을 받을 수 있는 길이 없었다. 대부분 불법 체류자인 부모들은 아이들을 학교에 보내기 위한 서류들을 발급 받을 수 없었기 때문이다. 국제협약에 따르면 아동은 신분을 초월해서 누구나 교육을 받을 권리가 있다. 그러나 이러한 아동의 권리는 보장되지 않았고 우리나라는 2003년 1월 유엔아동권리위원회로부터 "모든 외국인 어린이한테도 한국 어린이들과 동등한 교육권을 보장하라"는 권고를 받기에 이르렀다. 이에 따라 2003년 초·중등교육법을 개정하여 외국인 노동자 자녀의 초등학교 입학을 허용했고, 교육인적자원부는 2006년 초·중등교육법을 개정하여 불법 체류자 자녀들의 초등학교 입학을 법적으로 허용했다. 중학교의 경우는 이주 아동의 나라에서도 의무교육이 아닌 경우가 많으므로 학교장의 재량에 두었다. 그러나 학교장의 재량으로 중학교에 다닐 수 있다고 해도 매년 거주 사실을 증명하는 전, 월세 계약서나 외국인등록증을 제출해야 한다. 이는 부모가 불법 체류자인 경우 자녀를 학교에 보내는 데에 걸림돌이 되기도 한다.

우여곡절 끝에 학교를 입학했다 해도 한국어 실력이 부족하여 학습에 어려움을 겪고 있는 아이들이 많다. 공부를 하는 데 어려움이 많지만 부모는 일을 해야 하기 때문에 아이를 돌보아 줄 수 없는 것이다. 게다가 피부색이 다르고 말을 잘 못한다는 이유로 따돌림을 당하는 경우도 많다. 물론 이들 역시 교육에 대한 열의가 높아서 설문 조사에 따르면 조사한 아동 중 60.2% 정도가 대학까지 진학하기를 희망하나 고등학교에 진학하기 위해서는 유학비자를 발급받아야 하기 때문에 현실적인 어려움이 많다. 또한 큰 문제는 중·고등학교에 다니는 이주 아동들이 정식학생이 아니라 '청강생'으로 받아들여진다는 점이다. 그래서 우수한 성적으로 교육을 마쳤다고 해도 정규 졸업장도 받을 수 없고, 고등학교에 진학할 학력 자격을 인정받지도 못하는 것이다.

우리나라 아이들이 미래에 대한 꿈과 희망을 가지고 있는 것처럼 외국인 노동자의 자녀들 역시 원대한 포부와 미래에 대한 희망을 가지고 있다. 이러한 아이들의 꿈과 희망이 세상을 조금씩 발전시키는 것임은 분명하다. 나아가 세계의 주역이 될 이 아이들을 위해 우리가 해야 할 일이 무엇인지 생각해 보아야 할 시점이다.

... 조선족 김복자 아주머니

비나 오지 말았으면

"에잇, 오늘 다 허탕이네."

안산역 광장을 돌아 나오는 길, 나도 모르게 입 밖으로 화난 목소리가 새어 나온다. 나만 화가 난 건 아닌 것 같다. 비 때문에 결국 하루 일을 공친 사람들이 저마다 처진 어깨로 다시 집을 향해 돌아가는 것이 보인다. 나도 터덜터덜 안산역 지하도를 건넌다.

비가 부슬부슬 오고 있다. 분명 아침까지만 해도 말갛던 하늘이었단 말이다. 아침 일찍부터 비가 왔으면 나가지나 않았

을 텐데, 하필 인력 시장에 도착하고 나서야 비가 내렸다.

　사실 비가 아니더라도 단속을 앞둔 요즈음의 안산 분위기는 사람 마음을 싱숭생숭하게 만들기 충분했다. 일거리도 충분치 않고 골목골목도 썰렁하다. 게다가 비라니, 없는 사람들 마음은 하늘도 알아주지 않는 것일까?

　오늘은 단속 5일 전, 어쨌든 또 하루를 공쳤으니 내겐 고향 갈 날이 하루 멀어지는 것이나 다름없다.

　우산도 없는 나는 종종걸음으로 〈안산외국인노동자센타〉

로 향한다. 힘들고 어려울 때 우리 부부가 항상 의지했던 곳이다. 저마다 서러운 사연을 하나씩 안은 외국인들이 모여드는 이곳 안산 원곡동. 타국에 돈을 벌러 온 이상 누군들 힘들여 돈벌지 않고, 누군들 고생스럽게 삶을 유지하지 않겠냐마는 우리 역시 더 이상 나빠질 수는 없을 것 같아 누군가의 도움이 절실히 필요했던 적이 있었다. 말 통하는 곳이라서 또 우리 조상이 살던 곳이기에 조금은 안심하고 온 한국 땅이었다. 하지만 불행은 사람을 가리지 않는다고 했던가. 나는 흐린 날씨에 또다시 쑤셔 오는 왼팔을 오른손으로 주물럭거리며 센터에 들어섰다.

그런데 무슨 일인지 센터 앞에는 이런저런 차들이 잔뜩 서 있고 카메라도 몇 대 눈에 띈다. 사람들 역시 삼삼오오 모여서 무슨 비밀이라도 소곤대듯 웅성거리고 있다.

"사람이 죽었대요!"

"정말로요? 어디서요?"

"누가요?"

"스리랑카 사람이라던데, TV에 나왔다던데······."

"사람이 죽었다고요?"

사람들이 하는 이야기를 듣고 있다가 나 역시 똑같은 말을 되묻지 않을 수 없었다. 또 한 사람이 이렇게 목숨을 잃은 것인가?

"왜 죽었답니까?"

"자살을 했대요, 지하철에 뛰어들어서. 한국에 온 지는 6년이나 되어서 불법 체류인 데다 단속은 한다고 하지, 방법은 없고, 그냥 죽어 버렸나 봐요."

"아이고, 이를 어쩐대, 이게 다 무슨 일이래."

나도 모르게 한탄 소리가 새어 나왔다. 다 살자고 하는 짓인데, 가족들 먹여 살리겠다고 제대로 입지도 쓰지도 않고 일만 했을 텐데. 그의 죽음이 남 일 같지 않아 코끝이 찡하다. 주변의 다른 사람들도, 다들 눈시울이 붉다.

그의 죽음 앞에서 죽음의 고비를 가까스로 넘긴 우리 부부의 삶을 돌아보니 기분이 더욱 착잡했다.

나는 심양 사람이다. 그렇게 부자는 아니었지만 그렇다고

못 먹고살 만큼 찢어지게 가난했던 것도 아니다. 한국 사람들은 돈 벌러 한국으로 오는 외국인들은 하나같이 무척 가난하다고 생각하는 것 같다. 개중에는 그런 사람도 있겠지만, 자기 나라에서 먹고 사는 데 큰 문제가 있는 것이 아님에도 좀더 나은 기회를 찾아 고국을 떠나온 사람들도 많다. 마치 새로운 길을 찾아 더 나은 선진국을 찾아가는 한국 사람들처럼 말이다. 우리도 그렇게 평범하지만 조금 더 용기가 있는, 그런 사람이었을 뿐이다.

우리 가족은 오래전부터 농사를 지어 왔다. 나 역시 열세 살 때부터 들판에서 일을 했다. 농사를 지으면 한 해 한 해 그럭저럭 먹고살 만큼은 수확이 되었다. 하지만 목돈을 만져 볼 수는 없었다. 농사일 짬짬이 부업을 했다. 그렇게 해서 모은 돈이 한국 돈 400만 원이었다. 중국에서는 아주 큰돈이었다. 나는 그 돈으로 새로운 기회를 만들어 보고 싶었다. 그 돈으로 조금 더 큰돈을 만들고, 그리하여 조금 더 안락하게 살고 싶었다. 자식들에게도 조금 더 편안한 생활을 물려주고 싶었다. 그 때, 처음 그런 꿈을 꾸었을 때, 남몰래 혼자 웃음을 짓고, 성공

그의 죽음이 남 일 같지 않아 코끝이 찡하다.
　　　　주변의 다른 사람들도, 다들 눈시울이 붉다.

한 우리 가족의 모습을 상상하며 가슴 설레던 그때.

그 무렵 우리 동네에는 한국에 가면 돈을 많이 벌 수 있다고 말하고 다니는 사람들이 있었다. 돈을 자루로 벌 수 있다고 했다. 촌사람들 구워삶는 좋은 말솜씨에 동네 사람 다들 바람이 들었다. 그 사람들은 자신들을 통하면 싼값에 한국에 갈 수 있다고 했다. 또 한국에 아는 사람이 많다고도 했다.

나는 드디어 내게도 기회가 왔다고 생각했다. 나는 그들을 믿었다. 조금 두려웠지만 두려움을 극복해야 새로운 세상에 발을 들여놓을 수 있다고 믿었다. 그들에게 내가 가진 돈을 다 주었다. 그때 손이 조금 떨렸던 것 같다.

하지만 그들은 사기꾼이었다. 그때 모든 것을 그만두었더라면 어떻게 되었을까? 가난하지만 소박하게, 그저 내가 직접 농사 지은 밥을 먹으며 살고 있을까? 놓친 기회를 아쉬워하면서 어떻게든 다시 악착같이 돈을 모으려고 했을까? '그때로 다시 돌아간다면?' 이라는 상상을 수없이 해 봤다. 그때로 다시 돌아간다면, 한 번 더 기회가 주어진다면, 그때로 다시 돌

아갈 수만 있다면 결코 한국에 오지 않았을 것이다. 하지만 그것은 지치고 성한 데 없는 몸을 가진 지금의 내 모습을 돌아봤을 때의 생각이다. 아무것도 모르던 그때의 나는 아마 같은 선택을 했을 것이 분명하다. 찢어지게 가난하지는 않지만 더 나아질 것이 없는 사람이라면 누구나 꿈꾸어 보는 그런 삶을 위해서 말이다.

우리는 소개비를 대기 위해 두 사람 몫으로 쌈짓돈 400만 원에 나랏돈을 2,600만 원이나 빌렸다. 가슴이 '철렁' 했지만 벌어서 갚으면 그만이라고 생각했다.

모든 것은 순조로운 듯 보였다. 몇 시간은 걸리겠거니 했는데, 난생처음 타 보는 비행기는 우리를 한 시간 만에 한국 땅에 내려놓았다. 남편도 일을 했고 나도 일을 했다. 일은 고됐지만 희망이 있었다.

내가 처음 일을 한 곳은 대부도 수력발전소 공사 현장이었다. 한여름 땡볕 아래 풀 한 포기 없는 곳에서 하루 종일 일했다. 아무 생각 없이 일을 하러 나간 첫날, 더울 것 같아 반바지

를 입고 나섰다가 뜨거운 햇살에 다리가 다 데었다. 얼굴은 말할 것도 없이 허물이 훌렁 벗겨졌다. 웬만큼 고생스런 일은 중국에서도 다 해 봤지만 그렇게 힘들기는 처음이었다. 마음 같아서야 당장이라도 그만두고 싶었지만 공사가 끝날 때까지 그만두지도 못하게 했다. 무엇보다도 공사가 끝날 때까지는 돈을 줄 수 없다고 했다. 돈 때문에 하는 일인데 돈을 못 받을 수는 없었다. 다달이 내야 할 이자와 원금, 한국에서의 만만찮은 생활비가 우리를 기다리고 있었다. 나는 이를 악물고 공사 기간 두 달을 버텼다. 그리고 곧 다른 공사 현장으로 일자리를 옮겼다. 보통의 공사 현장 일이 힘들지 않은 것은 아니지만 그렇다고 못할 정도는 아니었다. 최소한 처음 한 일보다는 나았다. 그저 하루하루 몸을 놀려 일을 했고 이자를 갚고 희망을 부풀려 갔다. 심양에 있는 아이들에게 용돈도 조금씩 부쳤다. 그렇게 한국 생활에 익숙해져 갔다.

그러던 어느 날 언제나 그렇듯 일을 마치고 집으로 돌아가는 중이었다. 이상하게도 집으로 가는 길 중간중간 아스팔트

바닥에 핏자국이 있었다. 처음엔 그러려니 했다. 그러다가 집에 거의 다다른 어느 순간, 그 핏자국이 우리 집을 향해 있다는 것을 알고 등골이 서늘해졌다. 정신없이 뛰어 들어가 방문을 열었다. 온 방이 피 천지, 흙 천지였다. 남편은 기절한 채로 쓰러져 있었다. 하늘이 내려앉고 땅이 꺼지는 것만 같은 순간이었다.

　당시 남편은 고잔에 있는 한 교회 공사 현장에서 일하고 있었다. 4층짜리 교회였다. 그날도 비가 부슬부슬 내렸는데 꼭대기에서 일하고 있던 남편이 비 때문에 더 이상 공사를 할 수 없게 되자 연장을 정리해 내려오려고 하던 참이었다. 하지만 디디고 서 있던 널빤지를 함께 일하던 누군가가 모르고 잡아 뽑았고, 균형을 잃은 남편은 휘청 하다가 바닥으로 떨어졌다. 그것만 해도 놀라 넘어갈 일인데 하필이면 남편이 떨어진 그 자리에 미처 뽑아내지 않은 작은 쇠 파이프 하나가 하늘을 향해 아가리를 벌리고 있었다. 누군가 발이 걸려 넘어지기만 해도 크게 다칠 그 쇠 파이프에 남편은 엉덩이 꼬리뼈를 찍히고 말았다.

남편은 척추 두 마디가 부러졌고, 머리 살갗도 찢어져 여덟 바늘을 꿰매야 했다. 그런데 공사 현장 오야지는 어디로 내뺐는지 찾을 길이 없었다. 수술비도 보상금도 없었다.

수술한 남편이 입원해 있는 병원을 뒤로 하고 나는 그 오야지 놈을 찾아 헤맸다. 돈도 돈이지만 사람을 반병신을 만들어 놓고 그렇게 내뺄 수는 없는 거였다. 그건 사람의 도리가 아니다. 미친 여자처럼 그를 찾아다닌 지 몇 개월 만에 나는 아산의 한 경찰서에서 그의 소식을 들을 수 있었다. 신용불량자에다 부인이 여섯이나 되어서 여기저기 쫓기는 신세라고 했다. 나는 터덜거리며 안산으로 돌아왔다.

큰 불행을 겪는다고 해서 하늘이 그저 알아서 살게 해 주지는 않는다. 다시 일을 시작했다. 이번에는 아파트 공사 현장이었다. 고달프지만 인생은 계속되고 상처도 그렇게 아물고 잊혀지는 거라고 생각했다. 다행히 남편의 상태는 조금씩 호전되어 갔고 퇴원이 가까워졌다. 나는 마음을 다잡았다. 어려운 일을 겪었지만 열심히 일하면 아직 희망은 있다고. 이윽고 남편이 퇴원을 했다. 남편은 여전히 거동이 불편해 당장은 일

을 할 수 없었다. 몇 번의 수술비와 4개월간의 입원비로 모아 놓은 돈이 바닥나 있었지만 죽지 않고 살아 준 것에 고마울 뿐이었다.

　남편이 퇴원한 바로 다음 날 나는 다른 때보다 더 기운을 내서 공사장으로 향했다. 그리고 여느 때처럼 부지런히 페인트칠을 했다. 그런데 점심도 먹기 전 햇살이 참 따사롭다고 생각하던 순간, 무언가 크고 둔탁한 물체가 마치 큰 파도처럼 내 오른쪽 어깨를 덮쳤다. 퍽 하는 소리와 함께 나는 바닥으로 넘어졌고 그대로 기절했다.
　병원에서 정신을 차리고서야 위층에서 작업반장이 문짝을 떨어뜨렸고, 내가 그 문에 맞았다는 것을 알게 되었다. 하필 남편이 떨어진 곳에 쇠 파이프가 있었듯 그 문이 내 어깨에 떨어졌던 것이다. 억세게 재수없는 해였다. 절단이 난 곳은 없었다. 하지만 의사 말이 오른쪽 팔은 예전같이 움직일 수 없을 거라고 했다. 지금 내 어깨는 약간 기울었고 팔 역시 자유롭지 않다. 18개월 동안 일을 못하고 병원 신세를 졌지만 팔이 붙

어 있다는 이유로 12급 장애밖에 안 된다며 500만 원의 보상금을 받았다. 몸이 멀쩡하여 18개월 동안 일을 했으면 그것보다는 더 많은 돈을 벌 수 있었을 텐데 말이다.

올봄이 다 가고 나서야 나는 간신히 자리를 털고 일어났고, 남편 역시 기운을 차렸다. 하지만 다치기 전에 했던 것같이 힘이 많이 들고 돈을 많이 벌 수 있는 일은 할 수가 없었다. 무거운 물건을 더 이상 들 수 없게 된 남편은 얼마 전 경비원으로 취직을 했고, 나는 현장 잡부나 하면서 푼돈을 벌고 있다.

사람들은 내게 묻는다. 왜 떠나지 않느냐고? 그렇게 다쳐놓고 왜 아직 여기 남아 있느냐고? 중국으로 돌아가면 되지 않느냐고? 결국 돈을 벌자는 거 아니냐고?

누군들 돌아가고 싶지 않을까? 같은 설움이라도 고국에서 당하는 편이 낫다는 걸 누가 모를까? 하지만 한국 생활 3년이 넘도록 우리는 2,600만 원의 빚을 다 갚지 못했다. 아직 200만 원의 빚이 더 남았다. 둘이 벌어 빚을 갚고 목돈을 모을 만한 시간이 지났음에도 우리는 아직 빚조차 채 갚지 못한 것이

다. 빚만 갚으면 당장이라도 여기를 떠나고 싶다. 지난 몇 년간의 한국 생활은 우리에게 성치 않은 몸과 상처 받은 마음만 남겨 주었기 때문이다. 빚만 없다면 우리는 벌써 고향으로 갔을 것이다.

하지만 지금은 돌아갈 수 없다. 아이들이 보고 싶고 고향 산천이 눈에 어른거리지만 조금 더 참아야 한다. 여기서는 두어 달 월급이면 되는 200만 원이 아직 중국에서는 큰돈이기 때문이다.

여기 한국에 나와 있는 조선족들은 눌러 살기 위해 온 사람들이 아니다. 한국 사람들은 종종 우리가 한국 사람들의 일자리를 빼앗고 눌러앉을 것으로 생각을 하지만, 사실 진심으로 그러고 싶은 조선족은 별로 없다. 게다가 우리가 하는 일이라는 것이 사실 한국 사람들은 별로 거들떠보지 않는 일들이 대부분 아닌가.

부슬부슬 비는 여전히 내린다. 죽은 사람의 가슴 위에도 비가 내리겠지? 코끝이 찡하다. 단속이 시작되면 이곳 안산은

또 한 번 긴장감으로 가득 찰 것이다. 산전수전 다 겪은 나이지만 경찰이 우당탕탕 거리를 휘젓고 다니며 개처럼 사람을 끌고 가는 그 모습은 좀처럼 익숙해지지 않는다. 그저 좀 잘살아 보겠다고 시작한 일인데, 그저 내 손으로 일해 밥 먹으면서 조금 더 큰 꿈을 가져 보았던 것뿐인데, 어쩌다 이렇게 되고만 것일까?

비는 그치지 않고 오른팔은 여전히 욱신거린다.

"내일은 비나 오지 말았으면……."

≫ 조선족은 누구고 재외동포법이란 무엇인가요?

1999년에 만들어진 '재외동포의 출입국과 지위에 관한 법률'에 따르면 재외동포란 '대한민국 국적을 가진 해외 영주권자'와 '대한민국 국적을 가졌다가 외국 국적을 취득하면서 국적을 포기한 사람과 그 직계존비속'으로 정의하고 있다. 즉 해외에 나가 살고 있는 우리나라 사람과, 우리나라 사람이었다가 외국 국적을 취득한 사람과 그 자식들을 재외동포로 간주하는 것이다. 하지만 이 법에 따르자면 '대한민국 국적'을 가졌던 사람들만 포함함으로써 1948년 대한민국 정부 수립 이전에 해외로 나가 외국 국적을 취득한 사람들은 법적으로 재외동포로 인정하지 않는다. 즉 정부 수립 이전 독립군 활동 등을 위해 조국을 떠나야만 했거나 일제의 징용을 피해 나라를 떠나면서 대한민국 국적을 취득할 기회가 없었던 많은 중국 동포(조선족)와 러시아 동포들은 재외동포에 해당하지 않는 것이다.

이에 대해 각종 시민단체들이 항의를 하고 법적 문제를 제기하면서 지난 2001년 11월 헌법재판소는 "정부 수립일인 1948년 8월 15일을 기준으로 해외동포를 차별하는 것은 부당하다"며 기존 재외동포법에 대해 헌법 불합치 판결을 내리고 대한민국 정부 수립 이전에 국외로 이주한 동포들까지 해외동포로 확대하는 개정안이 통과되었다. 그러나 그 판결에 따른 시행령 개정이 늦어지면서 그동안 재외동포들의 법적 지위와 현실적인 시행에 있어서 많은 차이가 있었다.

이렇게 개정된 재외동포법이 구체적으로 시행되지 않다가 지난 2003년 가을 법무부가 정부 수립 이전 해외 이주 동포들에게도 무비자 출입국 자격 등 혜택을 부여하는 등의 개정안을 마련하였다. 재외동포법상 외국 국적 동포로 인정되면 재외동포체류자격(F4)을 취득한 뒤 주민등록증과 유사한 '국내거주신고증'을 발급 받아 2년간 비자 없이 출입국 및 체류가 가능하다. 또 부동산 거래와 금융 거래를 할 수 있으며 단순 노무 등을 제외한 노동 활동에도 종사할 수 있도록 하였다.

이후 2007년부터 고용허가제의 실시와 함께 외국적동포에 대해 자유로운 왕래를 보장하고 취업 기회를 확대한 '방문취업제'가 실시되고 있다. '방문취업제'는 중국 및 구소련 지역 거주 동포 등에 대해 5년 유효한 복수비자를 발급하고 한 번 입국하면 최대 3년간 체류, 취업할 수 있는 제도이다. 국내의 호적이나 친인척이 없는 경우에도 요건을 갖출 경우 입국을 허용하게 하고 취업활동범위도

32개 업종으로 확대하는 등 많은 제도 개선이 이루어졌다.

그러나 이러한 긍정적인 측면에도 불구하고 중국과 구소련의 동포들에 대해 '재외동포의 출입국 및 법적 지위에 관한 법률'에서 규정하는 출입국 및 경제활동의 자유를 보장하는 것이 아니라, 외국인력수급제도인 '외국인 근로자 고용 등에 관한 법률'의 틀 안에서 예외적인 경제활동을 인정하는 것이기 때문에 동포 간 차별이 유지되는 것은 물론이고, 같은 제도의 적용을 받는 '외국인' 간의 차별을 발생시킨다는 지적도 있다.

··· 미래의 영화감독 재키 ___

희망이 솟는 곳에서

답답하다. 오늘따라 유난히 공장 안이 후덥지근한 것 같다. 당장이라도 비가 올 것처럼 눅눅하고 꿉꿉하다. 비단 날씨 때문만이 아니다. 오늘 공장에 떠도는 이 긴장감이 답답함의 정체일 수도 있다. 사람들은 되도록 말을 줄이고 일에 열중하고 있다. 다들 일에 열중하고 있는 것처럼 보이지만 아마도 속으로는 나처럼 사장실 문이 열리고 닫힘에 신경을 곤두세우고 있을 것이다. 자주 모습을 드러내지 않은 사장님이 오늘 아침 공장에 등장한 그 순간부터 분

위기가 묘해졌다. 대충 눈치는 채고 있었지만 우리끼리의 이야기가 현실이 되자 다들 입을 다물었다. 이럴 땐 말을 하지 않는 게 상책이다.

   공장에 구조 조정이 있을 거라는 이야기는 꽤 오래전부터 있어 왔다. 한국의 경제 상황이 갈수록 나빠지고 있고, 그러다 보니 당연히 우리 공장 물건을 필요로 하는 사람들의 수요도 줄고 있다. 지금까지는 어떻게 버텨 왔지만, 공장 입장에서도 결단을 내릴 순간이 온 것이다. 어차피 정리 해고를 피할 수

없는 것이라면, 누가 나가고 누가 남게 될 것인가가 초미의 관심사인 것은 당연하다. 다들 순서와 분위기를 살피며 자신이 순위에 드는지 안 드는지를 살피는 분위기이다. 물론 나도, 그게 걱정이다.

이 공장에서 일한 지 1년, 한국말에 익숙해져서 의사소통에 어려움이 없고 기술도 웬만큼 익혀서 숙련공에 가까운 수준이다. 한국인 동료들과도 잘 지내 왔다고 자부하고, 업무에 있어서도 큰 문제를 일으킨 적이 없다.

회사가 어려워진 순간에 외국인 노동자를 먼저 내보내는 것이 옳다고는 할 수 없다. 하지만 나쁘다고도 할 수 없다. 내가 사장이라고 해도 이왕이면 내 나라 사람들의 생계를 보장해 주고 싶을 테니 말이다. 적어도 이번 정리 해고로 서넛은 직장을 잃게 될 것이고, 방글라데시 사람인 나는 1순위다. 휴, 나도 모르게 한숨이 나온다. 요즘 같은 불경기에 새 직장을 구하는 일이 내국인도 쉽지 않은데 외국인이야 오죽하겠는가. 그렇지만 이곳에서 나가도 또 뭔가 다른 길이 있을 것이다. 한국 생활 7년, 쉬운 일만 있었던 것은 아니지만 그래도 여기까

지 오지 않았는가. 그래, 힘을 내자. 사람이 죽으라는 법은 없게 마련이다. 기계를 잡은 손에 더욱 힘을 주어 본다. 이마의 땀방울이 또르르 볼을 타고 흘러내린다.

"잠깐, 사장님이 보자시는데……."
공장장의 나직한 목소리가 들려온다. 올 것이 왔나 보다. 기계에서 손을 놓고 고개를 돌렸다. 그런데 공장장은 내가 아닌 내 뒤에서 일하고 있는 동료를 향해 서 있다. 공장장은 그 동료의 어깨에 손을 올리더니 작게 무어라 이야기한다. 그는 참담한 표정으로 기계에서 손을 떼고 바지에 손바닥을 한 번씩 문지른다. 나와 눈이 마주쳤다. 그는 별일 아니라는 듯 씩 웃는다. 그러나 나는 오히려 가슴이 쓰리다.
그는 조선족 외국인 노동자다. 그가 공장장을 따라 사장실로 들어가자 공장 안의 분위기는 더더욱 가라앉았다. 사람들의 숨소리조차 들리지 않는다. 오직 기계 굴러가는 소리만이 공장 안을 가득 메운다. 한 20분쯤 시간이 흘렀을까? 사장실 문이 열리고 고개를 숙인 그의 어두운 얼굴이 눈에 들어온다.

등을 토닥이며 무어라 말을 하는 공장장의 모습도 보인다. 잠깐 공장장과 내 눈이 마주쳤다. 쭈뼛 머리털이 곤두서는 듯했다. 다음은 내 차례인가? 그는 내가 놀란 것을 알았는지 몰랐는지, 나를 지나쳐서 다른 사람에게 가고 있었다.

숨 막히는 하루가 지나갔다. 그 조선족 노동자 다음으로 세 사람이 더 사장실로 불려 들어갔고, 일단 네 명이 정리되었다. 떠날 사람도, 남은 사람도 모두 말이 없었다. 나 또한 잘리지 않았다는 사실에 안도의 한숨을 내쉬면서도 마음 한 켠이 불편한 것은 어쩔 수 없었다. 내가 남음으로 인해 저들 중 하나는 일자리를 잃었겠지 하는 생각에 절로 미안한 마음까지 든다. 이곳에서 일을 계속할 수 있게 된 것은 천만다행이다. 지금 일하고 있는 이곳은 근무 환경도 제법 좋고 사람들도 친절해서 결코 떠나고 싶지 않은 곳이기 때문이다. 이전에 비료 공장에서 일할 때는 얼마나 힘이 드는지 머리카락이 한 움큼씩 빠진 적도 있었다. 자꾸 머리가 빠져서 듬성듬성해지자, 속상한 나머지 머리를 다 밀어 버렸더랬다. 그곳에 비하면 지금

한국 생활 7년, 쉬운 일만 있었던 것은 아니지만 그래도 여기까지 오지 않았는가.
그래, 힘을 내자. 사람이 죽으라는 법은 없게 마련이다.

일하는 곳은 정말 천국이다.

　　나야 용하게 일자리를 유지하고 있지만, 전반적으로 요새 경기는 정말 안 좋다. 안산에서도 정리 해고를 당한 친구들 중에 놀고 있는 친구들이 하나 둘이 아니다. 하루에도 몇 통씩 친구들로부터 어디 일자리가 없는지를 물어보는 전화를 받는다. 내 삼촌과 사촌동생도 한국에 와 있는데 지금 의정부에서 일하고 있다. 의정부는 안산보다 근무 환경이 더 열악하고 보수도 좋지 않다. 마음 같아서는 당장이라도 안산에서 함께 살자 하고 싶지만, 일자리가 마땅치 않아 이만저만 속상한 것이 아니다. 내 나라가 어려워서 멀리 타국까지 돈을 벌러 왔건만, 찾아온 나라마저 불황으로 일을 하지 못하는 사람들이 넘쳐나고 있으니 마음이 답답하다. 왜 세상엔 있는 자와 없는 자가 있는 것일까? 그것을 나누는 기준은 무얼까?

　　터벅터벅— 평소 같지 않은 나의 힘없는 발걸음에 여름 긴 해도 천천히 기울고 있다.

　　낮에 공장에서 있었던 일로, 밤늦게까지 뒤척뒤척 잠을 이루지 못했다. 겨우 정리 해고의 난관을 벗어나긴 했지만, 그렇

다고 모든 문제가 해결된 것은 아니다.

　요즘 주변 모든 친구들의 최대 관심사는 한국에서 고용허가제가 실시될 것이냐 하는 문제이다. 불법 체류자 신분으로 그럭저럭 살다 고향에 돌아갈 수도 있지만, 불법 체류자란 강제로 출국당할 것을 염두에 두어야 하므로 늘 조마조마 한 것이 현실이다. 그런데 만약 고용허가제가 되면 자유롭게 고국에 왕래할 수 있고, 고용에 있어서도 기본적인 보장을 받을 수도 있다고 해서 모두들 기대를 걸고 있다. 한국에 온 지 7년, 고용허가제는 되네 마네 한참을 끌어 왔다. 그래서 모두들 반쯤 포기했다가도 기대를 저버리지 못하는 문제이기도 하다.

　이튿날, 내 휴대전화가 유난히 바쁘다. 일하는 중간에도 짬짬이 전화가 오더니, 퇴근할 무렵이 되자 숨 돌릴 겨를조차 없다. 바로 '고용허가제' 때문이다. 내가 7년을 살아온 이 땅, 대한민국에서 외국인 노동자들을 위한 고용허가제가 실시될 것이라고 한다. 이제 라디오나 TV 뉴스를 알아들을 수 있는 나는 그 내용을 대충 안다. 그러나 아직 한국어가 서툰 친구들

은 고용허가제라는 낱말만 알아들을 뿐 도대체 일이 어떻게 되어 가는지 궁금해서 안달이 났다. 사실 나도 좀더 알아봐야 하지만 당장은 방글라데시 친구들의 궁금함에 불을 꺼 주는 것이 급했다.

"여보세요?"

"재키, 뉴스 보니까 고용허가제 어쩌고 하는데, 어떻게 된 거야? 우리 나가야 되는 거야?"

"3년 이상 한국에 있었던 사람은 고향에 다녀와야 하고 3년 미만인 사람은 연장할 수 있대. 자세한 건 더 알아봐야 할 것 같아."

법이 당장 시행되는 건지 아닌지 또 어떻게 시행되는 건지 정확히 알 수 없고, 고용허가제와 산업연수생제도를 병행한다는 말이 좀 꺼림칙했지만, 어쨌든 진전을 보인 것 같아서 기분이 좋았다. 하지만 말을 배우기에도, 한국에 적응하기에도, 돈을 모으기에도 3년은 너무 짧다. 말이 고향에 다녀오는 것이지 한 번 나가면 또 들어올 수 있을지 어떨지 아무도 모르는 일이다. 그야말로 산 넘어 산인가? 하지만 나는 아직 젊고 희

하루하루 최선을 다해 즐겁게 살다 보면 좋은 날이 올 것이다.
꿈을 이룰 수 있을 것이다.

망이 있지 않은가. 하루하루 최선을 다해 즐겁게 살다 보면 좋은 날이 올 것이다. 꿈을 이룰 수 있을 것이다.

그렇게 며칠이 지났다. 정리 해고가 있은 뒤 회사 분위기는 그야말로 찬물을 끼얹은 듯하다. 나도 괜히 주눅이 든다. 아무도 내게 뭐라고 하지 않는데도 왠지 모두 나만 주목하고 있는 그런 느낌이랄까? 남들 앞에서는 늘 씩씩한 척하지만, 그건 어쩌면 타향살이를 오래하다 보니 생긴 자기 방어적 행동인지도 모르겠다. 이렇게 한국 동료들 눈치가 보이면, 내가 이방인이라는 사실을 새삼 깨닫는다. 평소에 농담을 걸던 공장 아주머니들도 눈치가 보이고, 일을 하다 조금이라도 실수를 하면 어찌나 더 신경이 쓰인다. 누군가 계속 나를 지켜보고 있는 것만 같아 기계를 만지는 동안에도, 운반을 하는 동안에도 자꾸만 긴장이 된다. 손에서는 자꾸 땀이 나고 사람들의 사소한 말 한마디에도 촉각을 세운다. 몸이 고단한 것보다도 자꾸 이렇게 마음을 쓰는 것이 더 불편하다. 마음의 병이 몸을 병들게 한다는 말을 증명이라도 하듯 실제로 어깨도 뻐근하

고 몸도 노곤하다.

다행히 오늘 하루도 별다른 문제없이 잘 지나가고 있었다. 한동안은 눈에 띄지 않게, 조용히 살아야겠다고 생각하며 퇴근 준비를 하는데 누군가 말을 걸었다.

"재키, 오늘 안 바쁘지? 축구 한판 하자구."

"축구, 좋죠!"

갑자기 긴장이 탁 풀리고 웃음이 나왔다. 정리 해고 이후로 동료들 보기가 민망했는데 먼저 축구를 하자고 하니 그저 고마울 따름이었다. 하루 종일 무거웠던 마음이 일순 녹아내렸다. 갑자기 마구 달리고 싶어진다. 달려서 고향까지도 갈 수 있을 것처럼 기분이 좋다.

여름이라 해도 길고 오늘은 날도 그다지 덥지 않은 데다 바람까지 살랑살랑 부니 공차기에는 딱 좋은 날씨다. 나는 발로 공을 이리저리 굴려가며 운동장으로 나선다. 나는 공 차는 것을 아주 좋아한다. 땀을 빼며 한바탕 뛰고 나면, 걱정도 근심도 다 사라진다. 한국인과 외국인의 경계도 사라지고 그저 함께 뛰는 선수가 될 뿐이다.

바람을 가르며 공을 차는 것, 그건 너무 근사한 일이다. 누군가와 함께 뛰고 있다는 것은 더욱 근사한 일이다.

집에 돌아오니 ○○신문의 기자라고 하는 사람이 와 있었다. 외국인 노동자에 대한 관심이 높아지면서 요즈음 부쩍 인터뷰를 하자는 사람이 많다. 때로는 일에 쫓겨 힘들 때도 있지만 웬만하면 취재에 응하는 편이다. 외국인으로서 한국에서 어떻게 살아가는지 그 진짜 모습을 보여 주고 싶기 때문이다. 기자는 연신 내 한국어 실력에 놀라워했다. 자꾸 칭찬을 해 주니 쑥스럽기도 했지만, 마음 깊은 곳에서 자부심이 생긴다. 한국말을 배우고 한국 사람들과 의사소통은 물론 웬만한 농담까지도 주고받게 되면서 나의 한국 생활은 더욱 쉽고, 알차고, 흥미진진해졌다. 물론 이만큼의 한국말을 하기 위해 많은 시간과 노력을 들였음은 두말 하면 잔소리다.

7년 전, 처음 이 땅에 왔을 때 나는 약간의 영어만 할 줄 알았을 뿐 한국말은 전혀 하지 못했다. 다행히 처음 간 공장의 젊은 동료 한 사람이 영어를 할 줄 알았다. 그의 도움을 받아

한국어 공부를 시작했다. 모르는 단어를 보거나 모르는 말을 들으면 소리 나는 대로 적어 가지고 가서 뜻을 물었다. 늘 주의를 기울여 한국 사람들이 하는 말을 들었고 또 그대로 소리 내려고 노력했다. 밤마다 뉴스도 틀어 놓았다. 지금은 의사소통에 거의 문제가 없지만 한국말을 더 잘하고 싶은 마음에 계속 한국어 공부를 하고 있다. 운 좋게 방글라데시 말을 배우고 싶어 하는 아저씨를 만나, 나는 내 모국어를 가르쳐 주고 아저씨는 내게 한국말을 가르쳐 주고 있다. 때로는 한국말로 때로는 방글라데시 말로, 그 둘 다 안 될 땐 서로 서툰 영어로나마 수업을 계속하고 있다.

말이 통하니 일자리를 구할 때도 한결 폭이 넓어지고, 회사 생활도 훨씬 편했다. 하지만 내가 한국말을 배움으로써 얻은 가장 큰 성과는 바로 한국 사람들과의 만남이다. 지금은 타향에서 외국인 노동자로 살아가고 있지만 내 꿈은 고향에 돌아가서 영화감독이 되는 것이다. 영화를 만드는 사람에게 있어서 다양한 경험과 풍부한 인간 관계만큼 중요한 것이 또 어디 있겠는가. 방글라데시에서 대학을 다닐 때 잠깐 독립영화

제작을 했었지만 돈이 없어 끝까지 하지 못했다. 그때는 돈이 없어 미처 다 만들지 못했던 영화이지만, 이제는 영화가 돈만으로 만드는 것이 아니라는 걸 안다. 이곳에서의 삶이 내 영화의 주요한 소재가 될 것이고, 내가 만난 많은 사람들이 내 영화의 후원인이자 관객이 될 것이다.

    여덟 시 반부터 다섯 시 반까지 노동자로서의 재키의 하루가 끝나고 나면, 나는 영화감독 지망생인 재키가 되어 많은 한국인들과 또 많은 고향 친구들과 어울려 식사를 하고 이야기를 나눈다. 그들을 만나 저녁이라도 함께 먹고, 어려운 친구들을 도와주고, 좁은 집을 마다하지 않고 찾아오는 사람들을 대접하다 보면 돈을 모으기가 쉽지 않다. 가끔 나를 아는 이들은 "어디 이래서 돈을 많이 모으겠냐?"며 타박을 하기도 한다. 사실 나도 종종 걱정이 된다. 그러나 젊은 시절 외국 생활을 하면서 얻을 수 있는 소중한 경험들 또한 마다하고 싶지 않다. 돈이야 언제라도 다시 벌 수 있지만 시간은 한 번 흘러가면 다시 돌아오지 않는 것이니까.

그런 의미에서 2002년은 내게 특별한 해였다. 누가 보면 미쳤다고 할지도 모르겠지만, 나는 '월드컵'을 앞두고 회사를 그만두었다. 이유는, 월드컵을 신나게 즐기고 싶었기 때문이다. 세계인의 축제 월드컵이 아시아에서 열리는 것만으로도 너무나 흥분되는 일인데, 그것도 내가 살고 있는 대한민국에서 열리다니! 살면서 평생에 한 번 찾아올까 말까 하는 기회 아닌가? 언젠가 영화감독이 되었을 때, 대한민국의 월드컵을 함께 즐겼던 것이 얼마나 큰 소재가 되겠는가? 나는 꼬박 두 달을 오로지 월드컵에만 빠져 있었다. 표를 구한 경기는 경기장에서, 그렇지 않은 경기는 한국 사람들과 함께 거리에서 한국 팀을 응원했다. 시청, 광화문 할 것 없이 붉은 티셔츠를 입고 서울 시내를 누비고 다녔다. 그때만큼은 국적도 인종도 상관없이 우리는 그저 '붉은 악마'였다. 골이 터질 때마다 함께 얼싸안고 좋아하던 한국 사람들과 나. 그때 그 짜릿한 기억을 무엇과 바꿀 수 있을까?

잘 다니던 회사를 순전히 월드컵을 즐기기 위해 그만두었을 때 친구들 중에는 나를 걱정하는 이도 있었고 한심하게 여

기는 이도 있었다. 다시 직장을 구할 수 있을지 없을지도 모르는 상황에서 놀기 위해 회사를 그만둔다는 것은 퍽 무모해 보였을 것이다. 하지만 나의 7년 전 한국행이 그랬듯 아직 가 보지 않은, 그러나 나를 잡아당기는 길로의 여행은 늘 나를 흥분시킨다. 설사 조금 무모해 보여도 매 순간 최선을 다할 수만 있다면, 그래서 행복하다면 나는 그걸로 족했다.

신나게 우리 팀, 그러니까 한국 팀을 응원하며 한국인과 하나가 되었고, 그때의 경험은 이후 한국 사람을 만날 때에도 하나의 공감대를 형성할 수 있게 해 주었다.

"진짜 회사를 그만두고 축구 구경만 다녔어요? 시청, 광화문 응원도 하러 다니고요?"

"네, 그렇다니까요. 500% 진짜예요. 붉은 악마 티셔츠 있죠? 그거 입고, 얼굴에 태극기 그리고, 그러고 다녔어요. 시청에서 나 못 봤어요?"

"한국 사람이라도 그러기는 쉽지 않은데, 어떻게 그럴 생각을 했어요?"

기자는 믿어지지 않는지 몇 번을 되물었다. 그리고 몇 번

이나 "대단하다"며 놀라는 표정을 숨기지 않았다. 너무 충격 받을까 봐 차마 경기 보러 제주도까지 다녀왔다는 말은 안 했다. 방글라데시로 돌아가고 나면 평생 엄두도 못 낼 제주도 아닌가. 돈이 제법 들어가긴 했지만 결코 후회하지 않는다. 내 고향 방글라데시도 아름답지만, 한국 역시 아주 아름다운 나라이다. 이곳에 나를 보내 주신 신에게 그저 감사할 뿐이다. 감사하는 마음을 가지고 있으면, 그 어떤 어려운 일도 다 좋게 받아들일 수 있다. 그런 마음가짐이 바로 우리 무슬림(이슬람교에 입교한 사람)들을 이 낯선 땅에서 하루하루 살아가게 해 주는 힘이 된다.

기자와 인터뷰를 마치고 나는 얼마 전 원곡동에 세워진 모스크(이슬람 사원)로 향했다. 원곡동 모스크가 여러 나라에서 온 수많은 무슬림에게 마음의 휴식처가 된 것은 더 말할 나위도 없다. 나 또한 몸과 마음이 힘들 때면 이곳을 찾는다.

한국 친구들은 종종 기도를 하면 어떤 점이 좋으냐고 묻는다. 무엇을 구하는 기도를 하냐고 묻기도 한다. 기도를 하는

것은 신에게 무엇을 구하는 것이 아니라 자기 마음속에 있는 신을 만나는 것이다. 무얼 갖고 싶다고, 어떻게 해 달라고 신에게 떼를 쓰는 것이 아니라 욕심을 버리고 지금 가진 것에 감사하고 행복해하는 마음, 남을 도울 때 더욱 기뻐하는 마음을 만나는 것이다. 그런 마음을 자기 안에서 발견하는 것은 또한 얼마나 행복한 일이고, 얼마나 기운 나는 일인가. 사람들의 마음속에는 모두 그런 선함이 있고 자신의 선함을 알게 되면서 얻는 평화, 그것이야말로 신이 내게 주는 사랑이다.

하지만 한국 사람들, 나아가 세계 곳곳의 이슬람교를 잘 모르는 사람들은 이슬람교에 대한 잘못된 편견을 많이 가지고 있는 듯하다. 나는 이슬람 신자이지만 종교의 이름으로 인간을 억압하는 정치를 믿지 않는다. 그것은 정치일 뿐 이슬람교가 아니다. 경전 어느 곳에도 전쟁이 옳다는 구절은 없으며 인간이 인간을 억압해도 된다고 쓰여 있지 않다. 나는 모든 인간을 평등하게 존중하는 진정한 종교의 본질을 영화를 통해 전 세계 사람들에게 보여 주고 싶다. 직접 시나리오를 쓰고, 카메라를 들고 사람들을 진두지휘하며 영화를 촬영하는 나를

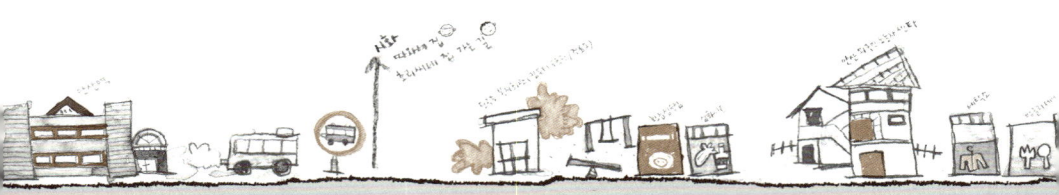

상상해 본다. 또 그렇게 찍은 영화가 극장에 걸린 모습을 머릿속에 그려 본다. 생각만 해도 기분이 참 좋다.

한국 생활 7년, 나는 운이 좋았다. 다치지도 않았고 질 나쁜 고용주를 만나지도 않았다. 그것만 해도 얼마나 감사한 일인지 모른다. 그런데 거기다 좋은 한국 사람들까지 많이 만났으니 이 역시 너무나 감사할 일이다. 하지만 주변을 돌아보면 외국인 노동자라는 이유로 아직도 고생하는 친구들이 너무나 많다. 사실 꼭 한국이 아니더라도, 외국인 노동자가 아니더라도 지구상에는 고통으로 신음하는 사람들이 너무나 많다. 이들을 위해 내가 당장 할 수 있는 일은, 오늘 하루도 성실하게 일하며 내가 할 수 있는 만큼 어려운 친구들에게 도움을 주는 것이다. 그리고 이들을 위해 내가 언젠가 해야 할 일은, 이 모든 것을 세상 사람들에게 알리고 함께 공감할 수 있는 아름다운 영화를 만드는 것이다.

당장 내일 할 일이 있고, 10년 뒤에 할 일이 있어 나는 행복하다.

내 나이 스물아홉, 서른이 되고 마흔에 이르러 꿈을 이루었을 때, 나는 한국을 어떻게 기억하고 있을까? 가장 젊고 아름답던 시절 온 힘을 다해 열심히 살았던, 그래서 더욱 아름다운 마흔의 나를 만들어 준 든든한 다리로 기억할 수 있기를 바란다.

원곡동의 하루해가 진다. 고단하지만 행복했던 하루가 저물고 나의 희망은 하루 더 앞으로 다가온다.

≫ 산업연수생제도는 무엇이고 고용허가제도는 무엇인가요?

1980년대 말경 우리나라는 급속한 경제 발전을 거듭하고 있었다. 이에 따라 인력부족 현상이 생기게 되었고, 곧 외국 인력을 도입해야 하는 필요성이 생겼다. 또한 이미 많은 외국인 노동자들이 우리나라에서 일하며 살아가고 있기도 했다. 하지만 이를 관리할 수 있는 법은 만들어지지 않은 상태였다. 그러자 1993년 11월 임시 대책으로 '외국인 산업연수생제도'를 시행하였는데, 이 시행령에 따르면 우리나라에 와서 일을 하는 외국인 노동자는 '근로자'가 아니라 '연수생' 자격을 갖는다.

산업연수생제도란 외국인 산업연수생이 국내의 연수업체에서 일정 기간 연수를 하여 기술을 습득하고 소정의 절차를 거친 뒤 취업 자격을 얻어 정식 근로자로 취업하도록 하는 제도이다.

그러나 외국인 노동력의 편법 활용, 송출 비리 등, 각종 인권 침해 문제가 발생하였다. 이후 그러한 문제를 해결하기 위해 기존의 법을 고치는 등의 많은 노력이 있었지만 근본적인 문제는 해결되지 않았다. 더불어 대법원에서조차 산업연수생도 사실상 근로에 종사하고 있는 이상 근로기준법상의 근로자로 인정해야 한다고 판결함에 따라 외국인 노동자들의 법률적 신분을 변경하지 않을 수 없는 상황이 되었다. 또한 시간이 갈수록 우리나라 인력의 학력이 높아지고, 국내 출생률은 낮아져서 고령화 사회가 되어 감에 따라 기업들이 더 많은 외국 인력을 필요로 할 것이 예상되었고 이에 따른 장기적인 외국인인력제도 마련이 절실해졌다. 이러한 시대적인 요구에 부응하여 2003년 7월 31일 '외국인 근로자의 고용 등에 관한 법률'이 통과되었다. 이 법에 따라 우리나라에서는 2004년 8월부터 산업연수생제도와 고용허가제를 병행하여 실시하였고, 2007년부터는 고용허가제로 일원화하여 실시하고 있다.

그렇다면 고용허가제란 무엇일까? 고용허가제란 국내 인력을 구하지 못하는 우리 기업이 외국 인력의 도입이 필요한 경우 외국 인력을 합법적으로 고용할 수 있도록 허용하는 제도이다. 이 법에 따르면 정부에서 외국인 노동자의 고용이 가능한 업종과 규모를 결정하고 정부와 공공기관이 외국에서 직접 외국인 노동자를 입국시킨다. 이는 현재 많은 문제가 되고 있는 송출 비리를 없애기 위해서이다. 또한 고용허가제를 통해서 우리나라에서 일을 하게 되는 외국인 노동자들은 이전의 연수생 신분이 아닌 노동자로 인정을 받는 것이기 때문에 내국인과 똑같이 노동관계법에 따라서 보호를 받을 수 있다. 단 우리나라 노동자들의 취업 기회를 보장하기 위해서 우리나라 근로자를 채용하려고 7일 이상 노력한 기업만이 외국인 노동자를 고용할 수 있도록 되어 있다.

고용허가제의 도입은 많은 변화를 가져왔다. 우선 송출비용이 줄어들고 더불어 송출 비리도 많이 사라졌다. 국내 사업장에서 임금을 체불하는 사례가 줄어들었을 뿐만 아니라, 외국인 노동자의 사업장 이탈도 현저히 감소했다. 또한 각종 인권의 사각지대에 놓여 있던 불법 체류자 역시 감소 추세를 보이고 있다. 이는 외국인 노동자의 합법적 고용을 허용하는 고용허가제의 도입이 산업연수생제도의 고질적인 폐해를 상당 부문 감소시켰다는 것을 보여준다.

그러나 UN인종차별철폐위원회는 2007년 8월, 우리나라가 제출한 보고서를 검토한 뒤, 고용허가제의 문제점에 대해 지적한 바가 있다. 3년이라는 제한된 고용기간이 현실적으로 너무 짧다는 점, 숙련자와 비숙련 근로자의 차별이 있을 수 있는 점 등을 우려했다.

이주 노동자 인권단체들 역시 사업장 변경 제한이나 짧은 취업기간 등이 외국인 노동자들의 권리를 침해할 수 있는 요소가 된다고 지적하고 있다.

외국인 노동자 100만, 이제 다문화 사회로의 진입은 기정사실화 되었다. 법 제도의 변화 역시 이를 반증하고 있다. 고용허가제의 장점을 최대한 살리고 개선점을 보완하는 과정을 통해 더불어 사는 사회를 구현하려는 뜻이 바로 서기를 바란다.

... 에필로그

국경없는 마을, 그 입구에서 출구까지

 **맨 처음 안산에** 간 것은 작년 봄이었다. 국내에 있는 외국인 노동자에 대한 관심이 조금씩 생겨날 때였고, 그래서 나도 '안산'이라는 지역과 '외국인 노동자'라는 사람들을 연결시켜서 생각하는 것이 어렵지 않았다. 공단과 가까운 안산, 그 중에서도 집값이 싼 원곡동 지역에 외국인 노동자들이 모여 살고 있고, 그래서 그 동네를 '국경없는 마을'이라고 한다고 했다. 거기까지가 내가 가진 사전 정보의 전부였다. 별로 아는 것도 없이 무작정 찾아간 안

산이었지만 겁이 나지는 않았다.

    몇 년 전 유럽에서 인도까지 육로를 따라 4개월 남짓 여행을 한 적이 있다. 터키를 지나 이란, 파키스탄, 인도에 이르는 동안 나는 많은 제3세계 사람들을 만났다. 얼핏 보면 우리보다 '못사는' 나라라고 생각할 수도 있을 그곳에서 나는 우리와는 다른 그들만의 삶의 방식을 만났다. 그들의 삶은 '자본주의'라는 획일적인 가치로 순위 매길 수 없는, 그야말로 '다른' 삶이었다. 내가 여행 중에 만난 현지인들은 자유롭고 편

안하고 따뜻하고 행복해 보였다. 그때 그들을 친구로 만났던 기억을 가진 탓에 대한민국, 경기도 안산시 원곡동에서 역시 그들을 친구로 만날 수 있을 것이라고 생각했다.

'국경없는 마을'. 이 이름을 듣고 나는 금방 그 이름이 좋아졌다. 왠지 따뜻한 느낌이었다. 다양한 얼굴과 피부색의 사람들이 동글동글한 모양의 집에서 담도 없고 울도 없이 모여 살아가고 있을 것만 같은 그런 느낌이었다. 생각만 해도 웃음이 배시시 나오는 풍경이 아닌가! 나는 따뜻한 마음을 안고 안산행 전철을 탔다.

그러나 안산역을 지나 내가 맞닥뜨린 풍경은 생각했던 것과는 사뭇 달랐다. 국경없는 마을이라고 불리는 안산역에서 원곡본동 사무소에 이르는 그 길은 여느 중소도시의 주택가 골목길과 별로 다르지 않았다. 아니 오히려 더 어수선했다. 여기저기 각국어로 쓰인 간판과 광고 문구들, 값싸고 철 지난 물건들, 무표정한 사람들. 게다가 평일 낮, 웬만한 사람들은 다 일터에 있을 시간이어서인지 한산한 골목길은 미처 다 가시

지 않은 봄추위와 함께 을씨년스럽기까지 했다. 나는 두리번 거리며 〈안산외국인노동자센타〉를 찾았다. 그곳에 가면 따뜻한 사람의 온기를 느낄 수 있을 것만 같았다.

안산역에서 내려 지하도를 건너 바로 보이는 골목길을 따라 5분쯤 걸어 내려가다가 정육점과 야채가게가 마주한 작은 사거리에서 왼쪽으로 몸을 트니 바로 〈안산외국인노동자센타〉가 보였다. 한산한 골목길에 비해 센터 안은 분주해 보였다. 나는 사람들을 비집고 들어가서 겨우 자리를 잡고 앉았다. 그렇게 잠시 동안 기다리고서야 〈안산외국인노동자센타〉의 박천응 목사님을 만나 뵐 수 있었다. 그리고 원곡동, 국경없는 마을에 대한 간단한 이야기를 들을 수 있었다.

일자리를 찾아 한국으로 오는 외국인의 수가 늘어난 것은 어제오늘의 일이 아니지만, 특히 안산시 원곡동이 그러한 변화의 중심이 된 이유는 공단이 근접해 있어 일자리를 구하기 쉬우며 출퇴근이 용이하고, 동시에 싼값에 방을 구할 수 있기 때문이라고 목사님은 말씀하셨다.

사실 안산은 오늘처럼 외국인이 대거 자리 잡기 전, 돈을 벌기 위해 타지로 나온 내국인들이 모여 살던 곳이기도 했다. 1980년대 초 안산 지역에 공단이 생겼을 때 반월-시화 공단의 가운데에 위치한 원곡동은 노동자 집단거주지로 조성된 곳이었다.

그러나 1990년 이후 중앙역과 상록수역을 중심으로 새로운 상권이 생기면서 원곡동 일대의 상권이 다른 지역으로 이동하게 되었다. 1997년, 1998년 IMF를 거치면서 상황은 더욱 많이 바뀌었는데, 그나마 남아 있던 한국인들이 일자리를 잃고 떠나고, 원래 있던 주민들이 하나 둘씩 이사를 가면서 원곡동은 여기저기 빈방들이 남아돌게 되었다. 세를 놓아 생계를 유지하던 집주인들은 오랫동안 방이 비는 것을 막기 위해 세를 놓기 꺼려 하던 외국인 노동자들에게까지도 세를 놓기 시작했고, 이후 싼 방을 찾는 외국인 노동자들이 몰려들기 시작했다. 이처럼 원곡동이 외국인 노동자에게 각광을 받자 오히려 방이 모자라 고시원 등의 임대업이 성행한다고도 했다. 이렇게 자연스럽게, 어쩌면 필연적으로 조성된 원곡동 국경없

는 마을에는 현재 일자리를 찾아온 다양한 국적의 외국인 노동자가 2만 명이 넘게 살고 있다고 한다. 과연 '국경없는 마을'이었다.

목사님과 이야기를 마치고 사무실 한쪽에서 열심히 무언가를 준비하시는 사모님과도 인사를 나누었다. 둥근 얼굴에 선한 눈매가 인상적이었다. 박천응 목사님의 부인 되시는 김영임 사모님은 센터에서 운영하는 〈코시안의 집〉 원장님이기도 했다. 나는 코시안이라는 말이 낯설어 코시안은 뭔지, 〈코시안의 집〉은 무엇인지 사모님께 여쭈어 보았다.

코시안이라는 말은 '코리안' 과 '아시안' 의 만남이라는 의미로 이름 붙여졌다고 했다. 국제결혼 가정의 자녀들에게 부정적인 용어들이 많이 사용되었기 때문에 그런 말을 대체할 중립적인 말이 필요했던 것이다. 안산에 외국인 노동자가 많다 보니 그 외국인 노동자와 한국인이 국제결혼을 하여 자녀를 낳는 경우도 많다. 그럴 경우 그 부모들은 돈을 벌어야 하므로 자녀들을 제대로 돌볼 수 없는 경우가 많고 유치원 등의

다른 교육기관에 보내려고 해도 다른 피부색과 외양 때문에 적응에 어려움을 겪는 경우가 많아서 아이들을 돌보아 주는 일과 같이 국제결혼 가정, 외국인 노동자 가정을 지원하는 기관이 필요했다고 한다. 〈코시안의 집〉이 바로 그런 역할을 하는 곳이었다.

목사님과 사모님에게 간단한 소개를 듣고 난 후, 나는 내가 쓰려고 하는 글에 대해 말씀드렸다. 일부 언론에서 다루어지는 단편적이고 대상화된 내용이 아니라 외국인 노동자 한 명 한 명의 삶을 조명해 보는 그런 글을 쓰고 싶다고 이야기하고 도움을 청했다. 두 분은 흔쾌히 응낙해 주셨다. 우선은 외국인 노동자 중 직접 만나서 이야기를 나눌 취재 대상을 선정해야 했는데, 사모님께서 취재가 가능할 만한 몇몇 외국인들의 연락처를 알려 주셨다. 처음으로 안산에 간 그날, 나는 몇 개의 전화번호가 적힌 메모지를 손에 꼭 쥐고 집으로 돌아왔다.

이튿날 다시 안산을 찾은 나는 외국인 노동자들을 만나기 시작했다. 그러나 큰소리 땅땅 치던 나의 자만심과는 달리 인

겨울이 성큼 다가와서야 나는 재키, 기나, 대니, 아노샤, 따와, 라미얀티를
하나하나의 존재로 기억하게 되었다. 그들을 각각의 존재로 만나게 되었을 때,
거창한 노력을 들이지 않은 채로도 나는 이미 그들의 친구가 되어 있었다.

터뷰는 만만치 않았다. 첫 번째 문제는 언어였다. 당시 내가 처음 만난 사람들은 한국에 온 지 2, 3년부터 10년 된 사람까지 다양했다. 한국어가 서툰 외국인의 경우 당연히 인터뷰가 어려웠다. 언제 왔느냐, 언제 갈 생각이냐, 어려운 건 없느냐 등의 기본적인 질문이 끝나고 나면 할 말이 없었다. 그렇다고 내가 갑자기 방글라데시 말이나, 인도네시아 말을 배울 수는 없는 노릇이었다. 조금만 복잡한 질문으로 들어갈라치면, "나 한국말 잘 몰라요."라는 답변이 돌아왔다. 10년 이상 장기 체류자들의 경우에도 의사소통 자체에는 별 문제가 없었지만, 미묘한 감정의 상태나 특정한 문제에 대한 의견을 구하는 경우에는 엉뚱한 답변이 돌아오기 일쑤였다. 나 또한 문제였다. 외국인들이 한국어를 구사할 때 사용하는 독특한 억양과 강세 특히 자주 쓰는 단어 등을 나는 잘 몰랐다. 그래서 처음에는 그들이 하는 우리말이 모두 중국어처럼 들렸다.

시간이 좀 지나 어느 정도 익숙해져서 그들의 한국어를 이해할 수 있게 되고, 질문 또한 그들이 알아듣기 쉽게 풀어서 할 수 있게 되었을 때, 나는 또 이상한 느낌을 받지 않을 수 없

었다. 그들이 내게 해 주는 말이 모두 진심인가 하는 점이었다. 한국이 좋냐는 질문에 그들은 늘 그렇다고 했다. 한국 사람은 어떠냐는 질문에도 다들 좋다고 했다. 한국에서 오래오래 있고 싶다고 했다. 나는 한동안 뭔가 꺼림칙한 마음으로 인터뷰를 마치고 돌아오곤 했다.

시간이 조금 더 지나서야, 나는 만난 지 얼마 안 된 상태에서 그들에게 진심을 바란 나의 어리석음을 깨달았다. 나는 한국인이었고, 법적 보호를 받는 이 땅의 국민이었지만, 그들은 그렇지 못했다. 원곡동에서 만난 그들은 여행지에서 만난 그들처럼 자유롭고 여유 있는 사람들이 아니었다. 불법 체류자인 그들이 나를 믿고, 친구로 여겨 마음을 열기까지 시간이 필요했다. 내가 사는 서울 신림동 난곡에서부터 안산 원곡동까지 버스를 타고, 전철을 타고 가는 데 걸리는 시간은 한 시간 반. 한동안 나는 그 길이 참 멀고, 아득하고, 외롭게 느껴졌다. 그렇게 여름이 지나갔다.

일주일에 한두 번씩, 그렇게 원곡동을 오가면서 정을 붙일

무렵 고용허가제 문제가 한창 불거지기 시작했다. 그러한 가운데 〈안산외국인노동자센타〉는 MBC의 도움으로 새 단장을 마쳤다. 이제 조금씩 진심을 털어놓는 외국인들 덕에 인터뷰는 조금씩 진전을 보이는 것도 같았지만 계속 답답했다. 뭔가 내가 모르는 비밀 같은 것이 있을 것 같았고, 있어야만 할 것 같았다. 나는 갈증이 났다. 진짜, 있는 그대로, 안산에서 살아가는 그들을 보고 싶었다.

그 무렵 〈안산외국인노동자센타〉 '쉼터'에서 지킴이로 일하시는 재호 아저씨와 제법 얼굴을 익혀 다른 사람들 소식을 물어보는 정도의 친분이 생겼다. 내가 하는 일을 알고 있었던 아저씨는 늘 잘 되어 가냐고 물으시며 진실을 쓰라는 협박 아닌 협박을 해 내 간을 졸아들게 했다. 그러면서 글을 쓸 거면 쉼터에 와서 일주일만 있어 보고 쓰라고 몇 번이나 말씀하셨다. 처음에는 그냥 듣고 넘겼다. 그렇게까지 할 필요가 있나 하는 생각이 들었기 때문이다.

얼마 후 어찌어찌 소개받은 지역주민 한 분을 만나 인터뷰

에 응해 주실 것을 청했다. '국경없는 마을'이라는 원곡동의 이름에 걸맞게 외국인과 어울려 사는 지역주민들이 흔쾌히 인터뷰에 응하리라고 여겼다. 하지만 그것은 큰 오산이었다. 그들은 딱 잘라 거절했다. 장사하는 사람으로서 할 만큼 한 것뿐이다. 사람 사는 데 다 똑같다. 따로 할 말 없다. 나는 그저 이야기를 듣고 싶을 뿐이라고 재차 청했다. 다시 거절을 하며 그분이 말했다.

"글을 쓴다는 사람이 다른 사람한테 물어보면 어떻게 해요? 와서 살아 보고 직접 느끼면서 쓰던지 해야지."

그의 마지막 말이 내 가슴에 칼날처럼 날카롭게 꽂혔다. 나는 몇 날을 뒤척였다. 부끄럽기도 하고 조금은 억울하기도 했다. 그리고 결국 개천절로부터 한 달째 되던 11월 3일 나는 짐을 싸서 안산으로 향했다. 재호 아저씨는 진짜로 짐을 싸들고 나타난 나를 반가움 반, 놀라움 반으로 맞아 주셨다. 그리고 흔쾌히 침대 하나를 내어주셨다.

그렇게 나의 안산 생활은 시작되었다. 11월 3일부터 단속이 시작되기 전까지는 쉼터에서, 단속이 시작된 이후에는 (단

속 이후에는 쉼터에 60명 가까운 남자 외국인 노동자가 생활하고 있었기 때문에 부득이 자리를 옮겨야 했다.) 〈코시안의 집〉에서 단속을 피해 숨어 있는 다섯 명의 스리랑카 언니들과 함께 지냈다. 단체생활이 쉽지는 않았지만, 나는 그때야 비로소 가슴이 탁 트이는 기분이었다.

가을이 다 지나갈 무렵이 되어서야 나는 비로소 '외국인 노동자'라는 이름으로 그들을 싸잡아 생각하던 편협한 분류법으로부터 조금은 자유로워져서 방글라데시 사람, 인도네시아 사람, 스리랑카 사람들을 각각 그들의 국적으로 기억하게 되었고, 그리고 겨울이 성큼 다가와서야 재키, 기나, 대니, 아노샤, 따와, 라미얀티를 하나하나의 존재로 기억하게 되었다. 그렇게 그들을 각각의 존재로 만나게 되었을 때, 거창한 노력을 들이지 않은 채로도 나는 이미 그들의 친구가 되어 있었다. 외국인 노동자와 친구가 되고 싶다는 나의 소망은 역설적이게도 그들을 외국인 노동자로 기억하지 않는 순간에 이루어져 있었다.

그러나 그 소망이 이루어지는 과정에서 내가 맛본 절망감과 상실감은 컸다. 이전에는 '외국인 노동자'라는 두루뭉수리한 명명 뒤에 숨은 그들은 착하고, 성실한, 핍박받고, 안타까운 존재로서, 그야말로 두루뭉수리하게 심정적 선(善)으로서 정의 내릴 수 있었다. 하지만 각각의 사람들을 하나하나의 존재로 인지하게 되었을 때 그들은 모두 '선하다' 또는 '악하다'로 구분할 수 없는 그저 개개의 인간일 뿐이었다. 나처럼 이기적이고, 나처럼 슬프고, 나처럼 외롭고, 때론 나처럼 악하기도 한, 그러나 법적으로는 나처럼 보호받아 마땅한 인간이었다. 그들이 무조건 선할 것이라는 편견이 깨진 자리에서 도대체 무엇을 써야 하는가에 대한 깊은 의문에 시달렸다. 그러나 바로 그 자리에서 나는 내가 무엇을 써야 하는지 또한 깨닫게 된 것인지도 모르겠다.

안산에서 그들과 함께 먹고 자던 한 달 반 동안, 나는 이전 9개월간의 인터뷰보다 더 깊게 그들을 만났다. 그들의 어색한 한국말이 익숙해질 무렵, 상심한 아저씨들이 사다 달라며 내

게 부탁하던(단속 중일 때는 언제 어디서 잡혀갈지 모르기 때문에 센터 안에 있는 노동자들은 밖으로 나갈 수가 없었다. 그래서 종종 내게 부탁을 하곤 했다.) 담배 종류를 줄줄 외우게 되었을 무렵, 로또 한 장만 사다 달라는 아저씨들의 간곡한 요구를 여유 있게 거절할 수 있게 되었을 무렵, 스리랑카 언니들이 아침마다 타 주던 달달한 실론티의 맛이 입에 착착 붙기 시작했을 무렵, 나는 안산을 떠났다.

　　겨울이었다. 바람이 많이 부는…….

안산 '국경없는 마을'을 기억하면서.

이 책이 다름과 차이에 대한 우리의 견고한 이분법에 작은 균열을 만들어 주기를 꿈꾸어 본다. 작은 균열, 그곳에서 희망이 싹틀 것이므로…….

• • • 참고자료 __

"고용허가제 법률 제정 설명자료", 노동부, 2003
"국내 거주 외국인 노동자 아동의 인권실태조사", 국가인권위원회, 2003
"국내 거주 외국인 노동자 인권실태조사", 국가인권위원회, 2002
"아시아 각국의 외국인 노동자 정책과 노동권", 설동훈
"이주여성의 결혼과 가족", 이금연(안양 전진상복지관)
"다문화사회, 한국", 김은미, 양옥경, 이해영, 나남, 2009
"고용허가제 시행 5주년 토론자료집", 국가인권위원회, 2009
"이주아동의 인권실태와 과제", 한국염(한국이주여성인권센터)
"이주민 100만 시대, 통합적 이주민 보건, 의료정책을 논하다", 한국이주민건강협회, 2009

"국경없는 마을"(안산외국인노동자센타 소식지 모음) 제1호~제7호(1995년 4월~1997년 9월), 안산외국인노동자센타
"국경없는 마을과 다문화 공동체", 박천응 편저, 안산외국인노동자센타, 2002
"국경없는 사랑 이야기", 〈코시안의 집〉 편저, 안산외국인노동자센타, 2002